ENCUENTRA LA VOLUNTAD DE DIOS PARA TU VIDA

ENCUENTRA LA VOLUNTAD DE DIOS PARA TU VIDA

DESCUBRE LOS PLANES QUE DIOS TIENE PARA TI

JOYCE MEYER

Título original: *Finding God's Will for Your Life*
Primera edición: septiembre del 2025

Esta edición es publicada bajo acuerdo con
Faith Words, una división de Hachette Book Group, Inc., USA.
Todos los derechos reservados.

Copyright © 2024, Joyce Meyer
Copyright © 2025, Penguin Random House Grupo Editorial USA, LLC
8950 SW 74th Court, Suite 2010
Miami, FL 33156

Traducción: Marina Lorenzín

A menos que se indique lo contrario, todas las citas bíblicas fueron tomadas de la Santa Biblia, Nueva Versión Internacional, NVI, ©1973, 1978, 1984, 2011.

Penguin Random House Grupo Editorial apoya la protección de la propiedad intelectual y el derecho de autor. El derecho de autor estimula la creatividad, defiende la diversidad en el ámbito de las ideas y el conocimiento, promueve la libre expresión y favorece una cultura viva. Gracias por comprar una edición autorizada de este libro y por respetar las leyes del derecho de autor al no reproducir, escanear ni distribuir ninguna parte de esta obra por ningún medio sin permiso previo y expreso. Al hacerlo está respaldando a los autores y permitiendo que PRHGE continúe publicando libros para todos los lectores. Por favor, tenga en cuenta que ninguna parte de este libro puede usarse ni reproducirse, de ninguna manera, con el propósito de entrenar tecnologías o sistemas de inteligencia artificial ni de minería de textos y datos.
En caso de necesidad, contacte con: seguridadproductos@penguinrandomhouse.com
El representante autorizado en el EEE es Penguin Random House
Grupo Editorial, S. A. U., Travessera de Gràcia, 47-49. 08021 Barcelona, España.

Impreso en Colombia / *Printed in Colombia*

ISBN: 979-8-89098-203-2

ORIGEN es una marca registrada de Penguin Random House Grupo Editorial

ÍNDICE

Introducción	9
1. Sirve al Señor con alegría	13
2. Da gracias a Dios en todo	27
3. Preséntate como sacrificio vivo	41
4. Aprende a escuchar a tu corazón	55
5. Da un paso de fe	69
6. ¿Qué pasaría si…?	83
7. ¿Puedes realmente oír a Dios?	97
8. La duda y la indecisión	117
9. Nada bueno ocurre por accidente	133
10. Sigue la paz y disfruta de la vida	147
11. Haz brillar tu luz	163
Conclusión	179
Notas	183
Sobre la autora	187

INTRODUCCIÓN

Descubrir la voluntad de Dios para tu vida no es tan difícil como parece. El primer paso que te recomiendo que tomes es que, en lugar de intentar «encontrarla», le pidas a Dios que te revele cuál es su voluntad para tu vida. En lugar de centrarte únicamente en intentar escuchar a Dios, también puedes confiar en que Él te hable. *Intentamos* hacer demasiadas cosas cuando simplemente deberíamos confiar en Dios para que nos guíe, nos conduzca, nos revele y nos hable. Cuando queremos conocer el plan de Dios para nuestra vida, lo primero que tenemos que hacer es orar, pidiéndole a Dios que nos revele su voluntad. También debemos orar por las personas que conocemos, para que ellas también conozcan el plan de Dios para sus vidas.

En este libro, escribo sobre la voluntad general de Dios para todos nosotros y sobre la voluntad específica de Dios para cada uno de nosotros. Creo que, primero, debemos estar seguros de que estamos cumpliendo la voluntad general de Dios: la de ser creyentes en Cristo de acuerdo con su Palabra. Solo entonces, Dios nos guiará hacia nuestras tareas específicas.

Las tareas específicas de Dios pueden no parecer grandes, sobrenaturales o incluso muy espirituales. Es más, a menudo, son bastante comunes. Pero, cuando hacemos algo ordinario para Él y para su gloria, se convierte en extraordinario.

Un conocido mío buscaba con desesperación descubrir qué hacer con su vida. Estaba seguro de que estaba llamado a ser misionero, pero no tenía claro a qué parte del mundo debía ir: ¿India? ¿África? ¿Asia? ¿América del Sur? Lo meditó y oró durante tanto tiempo que acabó sintiéndose muy confundido. En ese momento, buscó el consejo de un ministro experimentado que, luego de escuchar atentamente sus preocupaciones, finalmente le dijo: «Haz algo, no sea que te quedes sin hacer nada». Es muy posible que a Dios le interesara menos a qué parte del mundo fuera a ir el hombre, con tal de que se fuera a alguna parte y comenzara el trabajo para el que había sido llamado.

Una de las razones por las que a muchas personas les resulta tan difícil saber lo que Dios quiere que hagan es que no se dan cuenta de que Él deja muchos detalles de la vida a nuestra discreción. Cuando Dios me llamó para predicar el evangelio, no me dijo específicamente a dónde ir. Simplemente, me dijo que fuera al norte, al sur, al este y al oeste. Como se trataba de una afirmación bastante amplia, empecé por mi ciudad, Saint Louis, Missouri, y organicé reuniones donde podía enseñar la Palabra de Dios en las partes norte, sur, este y oeste de la ciudad. Algunas de esas reuniones se programaban semanalmente, y otras, mensualmente. Pero cubrí las cuatro áreas geográficas de Saint Louis, y el ministerio se expandió desde allí a medida que se presentaban las oportunidades.

Como ya he mencionado, no todo el mundo está llamado a hacer algo que pueda catalogarse como «espiritual». Digo esto porque todo lo que hacemos es espiritual si lo hacemos para y con Dios. Incluso algo tan simple como ir al supermercado puede convertirse en un campo misionero si estamos abiertos a aprovechar cada oportunidad que se nos presente para representar a Cristo. Nuestra tarea en un día cualquiera puede ser animar a todas las personas con las que nos encontremos o, simplemente, sonreír y ser amables. Dios valora mucho estos actos aparentemente ordinarios.

Estoy segura de que sabes que no se puede conducir un coche estacionado. Mientras buscas encontrar la voluntad de Dios para tu vida, mi consejo es que saques tu vida del «estacionamiento». Comienza a moverte en la dirección en la que sientes que Dios te está guiando. Después de dar un primer paso de fe, Él te mostrará una dirección más definida. Dios le dijo a Abraham que fuera a un lugar que Él le mostraría, pero Abraham tuvo que *ir* antes de que sucediera algo más (Génesis 12:1).

Mientras caminas en la dirección en la que crees que debes ir, puedes confiar en que Dios te indicará si no vas en la dirección que Él quiere que vayas. Da un paso a la vez y, si el primero funciona, da otro. Si no funciona, da un paso atrás y sigue en otra dirección. Al comenzar este libro, permíteme decirte esto: no tengas tanto miedo de no encontrar a Dios que sufras lo que yo llamo la «parálisis del análisis». En otras palabras, no analices tus opciones durante tanto tiempo que te quedes estancado e incapaz de avanzar. Pensar demasiado causa mucha confusión y puede mantenerte inmóvil.

Ser guiado por el Espíritu Santo implica aprender a escuchar tu corazón en lugar de tu mente. A veces, basta con aquietar los pensamientos y ver lo que hay en el corazón para encontrar ahí la voluntad de Dios.

1

Sirve al Señor con alegría

Servid a Jehová con alegría;
Venid ante su presencia con regocijo.
SALMOS 100:2

Una mujer que trabajó para nosotros pasó mucho tiempo buscando a Dios y preguntándose cuál era su voluntad para ella, como suelen hacer muchas personas. Un día se encontró con Salmos 100:2 y, de inmediato, supo en su corazón que, al menos por el momento, Dios simplemente quería que le sirviera con alegría.

Servir a Dios con alegría puede parecer poco importante, pero es posible que sea una de las cosas que más le agradan. Muchos de sus hijos están insatisfechos, descontentos y frustrados, y nada de eso refleja su voluntad para con nosotros. Es raro encontrar a alguien que pueda simplemente contentarse con hacer con gusto lo que cada día le depare. El apóstol Pablo escribió que había aprendido a estar contento cualquiera que fuera su situación (Filipenses 4:11). Aprendió a contentarse en todas las circunstancias, tanto viviendo en la pobreza como en la abundancia, es decir, «a tener de sobra como a sufrir escasez»

(Filipenses 4:12 NVI). Cuando leemos Filipenses 4:11 en la edición clásica de la *Amplified Bible* [Biblia Amplificada], vemos que la palabra *contentar* se explica como estar satisfechos hasta el punto de «no estar turbados ni inquietos». Podemos vivir de esta manera sin importar nuestro estado. Todos queremos cambios en ciertas áreas de nuestras vidas, pero es importante disfrutar del camino que estamos recorriendo. Esto no solo es significativo para nuestra paz interior, sino que, cuando tenemos esta actitud, también glorificamos a Dios, porque demuestra nuestra confianza en Él. Este tipo de actitudes es también una gran manera de que otras personas puedan ver a Cristo a través de nuestras vidas.

Disfruta el lugar donde estás mientras te diriges a tu destino.

Fíjate en que Pablo «aprendió» a contentarse. Me pregunto qué tuvo que pasar para que aprendiera esta importante lección. Imagino que pasó algún tiempo descontento y, al final, se dio cuenta de que no le servía de nada. Estoy segura de que, como todos nosotros, él quería ser feliz, pero no podemos lograrlo si estamos insatisfechos cada vez que nuestras circunstancias no son perfectas. La vida está llena de altibajos. Es fácil estar contento cuando las circunstancias son buenas, pero nuestra fe se pone a prueba cuando estas no lo son. Según 1 Pedro 1:6-7, Dios utiliza los tiempos difíciles para ejercitar y poner a prueba nuestra fe:

> En lo cual vosotros os alegráis, aunque ahora por un poco de tiempo, si es necesario, tengáis que ser afligidos en diversas pruebas, para que sometida a prueba vuestra fe, mucho más preciosa que el oro, el cual aunque perecedero se prueba con fuego, sea hallada en alabanza, gloria y honra cuando sea manifestado Jesucristo.

Nunca sabemos cuánta fe tenemos hasta que es sometida a prueba. Puedo escuchar sermones sobre la fe y pensar que lo sé todo sobre ella. Sin embargo, cuando mi fe es probada, puede que descubra que solo tengo conocimiento intelectual sobre ella y ninguna experiencia. Aprendemos de la Palabra de Dios y de las experiencias de la vida (Proverbios 3:13). Cuanto más se pone a prueba nuestra fe, más se fortalece, hasta que, al final, nos convertimos en personas que realmente pueden contentarse en todas las circunstancias porque confiamos en Dios, sin importar lo que pase. Hemos aprendido, por experiencia, que Él es bueno y que siempre hace lo mejor para nosotros.

¿QUIERES QUE TUS HIJOS SEAN FELICES?

Dave y yo tenemos un nieto de cuatro años, y puedo decirte que la vida es mucho más agradable cuando se ríe que cuando está enfadado o frustrado. Todo aquel que tiene hijos quiere que sean felices. Es desgarrador ver a nuestros hijos deprimidos, desanimados o descontentos. Así que, si quieres saber lo que Dios siente por ti, piensa en lo que sientes por tus hijos. Y, si no tienes, piensa en cualquier persona a la que quieras y sabrás lo que Dios quiere para nosotros, sus hijos e hijas.

La alegría (el gozo) es contagiosa, y nosotros debemos ser cristianos que la contagien. El mundo está lleno de negatividad y tristeza. Cuando vi las noticias hoy, leí acerca de veintiocho mil personas que murieron en un terremoto; una mujer que fue secuestrada de su casa y, más tarde, la encontraron muerta; un cantante famoso que murió de una sobredosis de drogas; el aumento del precio de casi todo, y la escasez de muchos artículos que necesitamos a diario. No obstante, el evangelio de Jesucristo significa «buenas nuevas», y, ciertamente, lo son.

Vivimos en este mundo, pero no tenemos que dejar que lo que ocurre a nuestro alrededor nos haga infelices. Podemos evitar mucha negatividad simplemente no escuchando o leyendo demasiado sobre todas las cosas negativas que están sucediendo. Llena tu mente y tus conversaciones de todas las cosas buenas que se te ocurran. Ten esperanza en el futuro.

No dejes que lo que ocurre a tu alrededor
te haga infeliz.

Tal vez pienses: *Bueno, Joyce, ojalá pudiera estar alegre y lleno de esperanza*. Mi respuesta a eso es: «Sí, puedes». Desear no sirve de mucho, pero actuar sí. Alegrarse es una decisión que tomamos en función de nuestra perspectiva (sentido) de la vida. Puede que algunas cosas sean malas, pero podrían ser mucho peores. Muchas veces, pase lo que pase en tu vida, hay gente que está pasando por algo peor. Te animo a que pienses en lo que tienes, no en lo que te falta. Enfócate en las cosas buenas de las personas de tu vida, no solo en sus debilidades y defectos. Si viviéramos según el principio enunciado en Mateo 7:12, conocido como la Regla de Oro —la cual nos enseña a tratar a los demás como queremos que nos traten—, podríamos servir al Señor con alegría.

La Biblia está llena de escrituras sobre estar alegres, y, sin duda, esta es la voluntad de Dios para nosotros. El Salmo 126:2-3 dice: «Entonces nuestra boca se llenará de risa, y nuestra lengua de alabanza; entonces dirán entre las naciones: Grandes cosas ha hecho Jehová con estos. Grandes cosas ha hecho Jehová con nosotros; estaremos alegres».

Muchas escrituras hablan del rostro de Dios brillando sobre nosotros y alegrándonos. Por ejemplo, el escritor de Salmos 119:135 dice: «Haz que tu rostro resplandezca sobre tu siervo, y enséñame tus estatutos». Decir «haz que tu rostro resplandezca» es como decir «¡sonríeme!». ¿No es maravilloso saber que podemos estar llenos de alegría y que Dios nos sonríe?

DOS MANERAS DE ENCENDER LA ALEGRÍA

Si la batería de nuestro coche está descargada, le pedimos a alguien que nos ayude a ponerle unos cables de arranque para darle marcha. De la misma manera, si nuestra alegría está muerta, hay distintas maneras de reactivarla.

Hay maneras de reactivar tu alegría.

Sonríe

La idea de recuperar la alegría mediante una sonrisa puede parecer demasiado simplista; pero, cuando sonreímos, parece que todo se eleva, incluido nuestro estado de ánimo. Dios nos ha dado la capacidad de sonreír y reír, y debe haberlo hecho por alguna razón. Después de todo, su Palabra dice: «El corazón alegre constituye buen remedio» (Proverbios 17:22). A veces, después de haber disfrutado de un ataque de risa, especialmente si ha durado mucho tiempo, siento como si todo mi sistema se hubiera aireado y energizado. De hecho, recuerdo que una vez me reí tanto que la risa me alivió un dolor de cabeza.

No tenemos que esperar a sentir ganas para sonreír; podemos hacerlo intencionalmente. Como dice el refrán: «Una sonrisa es un ceño fruncido al revés». Empieza a sonreír y deja que eso cambie tus sentimientos. Sonríe frente al espejo cada mañana y empezarás a notar una gran diferencia en tu vida. Job, en el Antiguo Testamento, dijo que dejaría de quejarse y sonreiría: «Si acaso digo: "Olvidaré mi queja, cambiaré de expresión, esbozaré una sonrisa"» (Job 9:27 NVI). Es un gran ejemplo que debemos seguir.

Canta al Señor en tu corazón

En Efesios 5:19, Pablo nos instruye a tener comunión: «Hablando entre vosotros con salmos, con himnos y cánticos espirituales, cantando y alabando al Señor en vuestros corazones».

A menudo, me encuentro tarareando, sin querer, una canción que está en mi corazón, una canción que aprendí en algún momento. Hace poco, me sorprendí tarareando la misma melodía durante casi una semana. Era una canción navideña, pero no era Navidad. Simplemente, estaba sonando en mi corazón. Esta es otra manera de activar tu alegría. Puedes cantar en tu corazón a propósito o, si has desarrollado el hábito de hacerlo, puedes encontrarte cantando o tarareando sin habértelo propuesto. Me fascina cuando me sorprendo tarareando una melodía, porque sé que significa que la alegría reside en mi espíritu.

Diez razones para alegrarse

1. Alégrate de que tu nombre esté escrito en el cielo y de que pasarás la eternidad con el Señor allí (Lucas 10:20).
2. Alégrate de que nunca tendrás que llenarte de la toxicidad del odio, porque Dios te da la gracia de perdonar a quienes te han ofendido (Colosenses 3:13).
3. Alégrate de poder desarrollar y mantener una actitud positiva en todas las cosas (Efesios 4:23).
4. Alégrate de poder ser paciente. Ser impaciente solo te frustra y nunca hace que las cosas sucedan más rápido (Salmos 37:7).
5. Alégrate de que Dios está siempre contigo. Nunca estás solo (Deuteronomio 31:6; Mateo 28:20).
6. Alégrate de que Dios te ama incondicionalmente en cada momento de tu vida (Romanos 8:35-39).
7. Alégrate de que el Consolador (el Espíritu Santo) vive en ti y te ayuda siempre que lo necesitas (Romanos 8:11,26-27).
8. Alégrate de tener un hogar, comida, agua potable y ropa, porque muchas personas en el mundo no tienen estas cosas (Filipenses 4:19).
9. Alégrate de poder ayudar a los demás, porque, cuando lo hagas, eso te hará feliz (Proverbios 11:25).

10. Alégrate de que Dios hace que todas las cosas te ayuden a bien, porque lo amas y porque has sido llamado conforme a su propósito (Romanos 8:28).

Dios te da la gracia de perdonar a quienes te han ofendido.

Me contaron la historia de una mujer que perdió a su marido a causa de un cáncer y a su hijo en un accidente en los últimos seis meses. Estaba tan angustiada que pensó en suicidarse. Día tras día, se sentía deprimida y abatida. Un día se dirigía a la tienda y vio que un gatito la seguía. Se compadeció de él, que estaba solo y hambriento, y se lo llevó a su casa para darle de comer. Después de alimentarlo, el gatito se frotó varias veces contra su pierna y ella sintió el reconfortante toque de su suave pelaje. Ronroneó, y ella se dio cuenta de que lo había hecho feliz. Saber esto la hizo sonreír y, entonces, descubrió la clave para ser feliz el resto de su vida. Todo lo que tenía que hacer era dejar de pensar en lo que había perdido y empezar a dar lo que le quedaba. Comenzó a ayudar a los demás siempre que pudo y siguió disfrutando de una vida feliz.

CÓMO NUESTROS PENSAMIENTOS AFECTAN A NUESTRA ALEGRÍA

Nuestros pensamientos afectan a todas las áreas de nuestra vida, especialmente a nuestras palabras, actitudes y acciones. Si pensamos en lo que tenemos y estamos agradecidos por ello, nos alegraremos. Pero, si pensamos en lo que no tenemos y en los problemas que enfrentamos, nos sentiremos tristes, enfadados y llenos de autocompasión. Podemos redirigir intencionalmente nuestros pensamientos hacia las cosas de Dios e invitarlo a que nos ayude. No tenemos que pensar ni meditar en cualquier cosa que nos venga a la mente. La Palabra de Dios nos dice que podemos elegir pensamientos que produzcan alegría y la añadan a nuestra vida (Filipenses 4:8).

> Tus pensamientos afectan a todas las áreas de tu vida.

Porque las armas de nuestra milicia no son carnales, sino poderosas en Dios para la destrucción de fortalezas, derribando argumentos y toda altivez que se levanta contra el conocimiento de Dios, y llevando cautivo todo pensamiento a la obediencia a Cristo.
(2 Corintios 10:4-5)

Este pasaje nos enseña que podemos desechar los pensamientos erróneos y elegir pensamientos que reflejen la voluntad de Dios. Cuando aprendamos a pensar como Dios, la alegría nos acompañará constantemente.

Nunca olvidemos que la voluntad de Dios para nosotros es servirle con alegría.

2

Da gracias a Dios en todo

Den gracias a Dios en toda situación, porque esta es su voluntad para ustedes en Cristo Jesús.

1 Tesalonicenses 5:18 NVI

La voluntad de Dios es que demos gracias en toda situación. Él quiere que seamos agradecidos en cualquier circunstancia, porque la gratitud no solo lo alaba a Él, sino que también nos llena de gozo.

Tal vez pienses: ¿Cómo puedo ser agradecido en la situación en que me encuentro? Sé que dar las gracias en una situación difícil no tiene sentido para la mente natural. Primera de Corintios 2:14 dice que la persona natural (es decir, no espiritual) no entiende las cosas del espíritu. Por lo tanto, si interpretamos las instrucciones de Dios solo con nuestra mente natural, a menudo pensaremos que no tienen sentido. Pero cuanto más crecemos en madurez espiritual, más podemos discernir espiritualmente lo que Dios nos instruye a hacer. Cuando te sucede algo difícil o trágico, puedes dar gracias por las cosas buenas que hay en tu vida y agradecer a Dios porque la situación actual se resolverá, finalmente, para tu bien (Romanos 8:28). Dar gracias en toda situación demuestra que confiamos en que Dios transformará todo lo que nos sucede en algo positivo.

Confía en que Dios transformará todo lo que te sucede en algo positivo.

Esta mañana, estaba revisando algunos de mis diarios de hace cuarenta años, leyendo sobre unas situaciones difíciles que me resultaron realmente angustiosas en ese momento. Ahora esas situaciones no me preocuparían en absoluto porque, desde entonces, he tenido años para experimentar la fidelidad de Dios y he sido testigo de cómo Él obró para bien a partir de circunstancias que, cuando sucedieron, me resultaron muy dolorosas e injustas.

Puedes cambiar rápidamente un mal día si piensas en todo aquello por lo que puedes estar agradecido. Cuando meditamos sobre nuestros problemas y desafíos, y solo hablamos de ellos, la vida puede parecernos abrumadora, y empezamos a murmurar y a quejarnos. Sin embargo, tenemos el poder de cambiar nuestra actitud en cualquier momento que lo necesitemos si somos agradecidos de manera intencional.

Puede que no te des cuenta, pero quejarse es pecado. Los israelitas murmuraban y se quejaban. Dios, al final, se cansó tanto de su actitud que envió serpientes al campamento, y muchos de ellos fueron mordidos y murieron

(Números 21:6). Otras personas perecieron a causa de la inmoralidad sexual (Números 25:1-9), y otras fueron alcanzadas por el ángel destructor, también como consecuencia de la queja (Números 16:41-47). Pablo menciona esto en 1 Corintios 10:7-10 y afirma que estas cosas se han escrito para advertirnos de que no sigamos el ejemplo de los israelitas.

Si estornudo, toso y me sueno la nariz, tengo síntomas de alergia o de un resfriado. Del mismo modo, si me quejo, murmuro y encuentro defectos en mi vida, estoy mostrando ingratitud. En pocas palabras, no soy agradecida.

Romanos 12:2 nos enseña que, si renovamos nuestra mente según la Palabra de Dios, podremos discernir su voluntad, la cual se revela en su Palabra. Por lo tanto, cuanto más conozcas la Palabra de Dios, más conocerás su voluntad para tu vida.

LIBERA EL PODER DE DIOS EN TU VIDA

En Primera de Tesalonicenses 5:18, Pablo nos instruye a dar gracias en toda situación. En el versículo 19, nos enseña a no apagar (suprimir o someter) al Espíritu Santo. Ser agradecidos libera el poder del Espíritu Santo en nuestra vida, mientras que quejarnos lo apaga. Necesitamos el poder de Dios y, sin duda, debemos tener cuidado de no hacer nada que detenga su obra.

> Ser agradecido libera el poder del Espíritu Santo en tu vida.

A veces, dar gracias supone un sacrificio. Puede que no siempre nos *sintamos* agradecidos, pero igual podemos dar gracias, en obediencia a Dios, ya que Él se complace con los sacrificios que hacemos porque lo amamos y queremos hacer su voluntad. Mostrar agradecimiento en los buenos tiempos es una cosa, pero dar gracias siempre, sin importar si las circunstancias son buenas o malas, es otra muy distinta. El Salmo 34:1 dice así: «Bendeciré al Señor *en todo tiempo*; lo alabarán *siempre* mis labios» (NVI, énfasis añadido). Agradecer a Dios por bendiciones específicas es bueno, pero vivir con una actitud de agradecimiento es mejor. Nuestras peticiones, a menudo, superan nuestras alabanzas, y no debería ser así. En Lucas 17:11-16, cuando diez leprosos fueron a Jesús pidiendo ser sanados, Él les dijo que fueran a presentarse a los sacerdotes. Mientras iban de camino, los diez fueron curados. Sin embargo, solo uno de ellos volvió a Jesús para darle gracias. En el versículo 17, Jesús le preguntó: «¿Acaso no quedaron limpios los diez? [...] ¿Dónde están los otros nueve?» (NVI). Esta historia me entristece porque solo el diez por ciento de los sanados dieron las gracias, mientras que el noventa por ciento no lo hizo.

Después de obtener lo que hemos pedido, no debemos olvidarnos de Dios. Él advierte sobre esto a los israelitas en Deuteronomio 8:10-11:

Y comerás y te saciarás, y bendecirás a Jehová tu Dios por la buena tierra que te habrá dado. Cuídate de no olvidarte de Jehová tu Dios, para cumplir sus mandamientos, sus decretos y sus estatutos que yo te ordeno hoy.

Dave y yo hacemos mucho por nuestros hijos porque los amamos, y ellos nos aman, y cuanto más agradecidos están, más queremos hacer. Imagino que Dios es igual. Ser agradecido por lo que tienes es la forma más rápida de experimentar un crecimiento.

> Ser agradecido por lo que tienes es la forma más rápida de experimentar un crecimiento.

ACCIÓN DE GRACIAS Y ORACIÓN CONTESTADA

Si ya nos quejamos de lo que tenemos, ¿por qué Dios debería darnos más de qué quejarnos? El apóstol Pablo nos enseña a orar *con acción de gracias*:

Por nada estéis afanosos, sino sean conocidas vuestras peticiones delante de Dios en toda oración y ruego, con acción de gracias.

(FILIPENSES 4:6)

Las palabras *gracias*, *acción de gracias* y *dar gracias* aparecen en la Biblia alrededor de doscientas veces, por lo que ser agradecido es obviamente importante para Dios. ¿Eres agradecido? ¿Expresas con frecuencia tu agradecimiento a Dios y a las personas que te ayudan? La Biblia dice que seamos agradecidos y que lo expresemos (Salmos 100:4). Creo que hay matrimonios y otras relaciones que podrían salvarse, en lugar de fracasar, si ambas partes dieran las gracias más a menudo. En el Antiguo Testamento, Daniel oraba y daba gracias tres veces al día, incluso después de que lo amenazaran con hacerle daño si seguía haciéndolo (Daniel 6:10). ¿Cuán diferentes serían nuestras vidas si dedicáramos tiempo a dar gracias tres veces al día?

ACCIÓN DE GRACIAS Y SANIDAD

Creo que cuando una persona ha sido herida por algo, dar las gracias por otras cosas le ayuda a sanar sus heridas y a seguir adelante con su vida. La acción de gracias nos protege de la amargura que, a menudo, surge después de que nos hayan herido. Cada vez que sientas que la amargura o el resentimiento se infiltran en tu alma, comienza a agradecer activamente a Dios por cada bendición que se te venga a la mente. Esto te protegerá de la negatividad que tratará de llenar tu interior. El agradecimiento también nos protege del veneno de los celos y la envidia. Además, las personas agradecidas sienten menos estrés que las que están descontentas e infelices la mayor parte del tiempo. Cuanto menos estrés tengamos, más sanos estaremos.

Las personas agradecidas sienten menos estrés que las infelices.

Aquello en lo que nos enfocamos se convierte en lo más importante de nuestra vida. Por lo tanto, si nos centramos en lo malo y lo negativo, eso es todo lo que veremos; en cambio, si nos centramos en lo justo y lo bueno, eso es lo que veremos. He observado que las personas positivas suelen tener menos enfermedades que las negativas. Una vez más, vemos que la negatividad nos estresa, mientras que ser positivos no. Incluso la ciencia afirma que las personas felices gozan de mejor salud que las infelices.[1] Recuerda que la Palabra de Dios dice que el corazón alegre es una buena medicina (Proverbios 17:22).

UN CORAZÓN AGRADECIDO ES UN CORAZÓN GENEROSO

He descubierto, a través de la Palabra de Dios y de la experiencia, que ser verdaderamente agradecido provoca el deseo de ser generoso con los demás. He aquí una historia inspiradora del editor y educador estadounidense James Baldwin, que muestra cómo el buen carácter conduce a la generosidad y al deseo de ayudar a las personas.

¿POR QUÉ LLEVÓ EL PAVO?

En Richmond, Virginia, un sábado por la mañana, un anciano fue al mercado a comprar algo. Iba vestido de forma sencilla, con el abrigo desgastado y el sombrero sucio. Llevaba una pequeña cesta en el brazo.

—Quiero comprar un ave para la cena de mañana —dijo.

El hombre del mercado le mostró un pavo grande, regordete y blanco, listo para asar.

—Ah, es justo lo que quiero —dijo el anciano—. A mi mujer le encantará.

Preguntó el precio y lo pagó. El hombre del mercado lo envolvió en un papel y lo colocó en la cesta.

En ese momento, se acercó un joven. Iba bien vestido y llevaba un bastón.

—Me llevo uno de esos pavos —dijo.

—¿Se lo envuelvo? —preguntó el hombre del mercado.
—Sí, aquí tiene su dinero —contestó el joven caballero— envíelo a mi casa de inmediato.
—No puedo hacerlo —expresó el hombre del mercado—. Mi chico de los recados está enfermo hoy, y no hay nadie más a quien pueda enviar. Además, no es nuestra costumbre hacer entregas a domicilio.
—Entonces, ¿cómo voy a llevarlo a casa? —preguntó el joven.
—Supongo que tendrá que llevarlo usted mismo —le respondió el hombre del mercado—. No pesa mucho.
—¡Llevarlo yo mismo! ¿Quién se cree que soy? ¡Imagínese verme llevando un pavo por la calle! —exclamó el joven y empezó a enfadarse mucho.
El anciano que había comprado el primer pavo se hallaba muy cerca y escuchó toda la conversación.
—Disculpe, señor, pero ¿puedo preguntarle dónde vive?
—Vivo en el número 39 de la calle Blank —respondió el joven, que se llamaba Johnson.
—Qué suerte —dijo el anciano sonriendo—. Casualmente, voy en esa dirección y llevaré su pavo, si me lo permite.
—¡Oh, por supuesto! —dijo el Sr. Johnson—. Aquí lo tiene. Puede seguirme.
Cuando llegaron a la casa del Sr. Johnson, el anciano le entregó cortésmente el pavo y se dio la vuelta para marcharse.

—Espere, amigo mío, ¿cuánto es? —le preguntó el joven caballero.
—Oh, nada, señor. Nada —respondió el anciano—. No ha sido ninguna molestia para mí, y de nada.
Hizo una reverencia y se marchó. El joven señor Johnson lo siguió con la mirada, extrañado. Luego se dio la vuelta y caminó enérgicamente hacia el mercado.
—¿Quién es ese amable anciano que ha cargado mi pavo? —le preguntó al hombre del mercado.
—Es John Marshall, el presidente del Tribunal Supremo de los Estados Unidos. Es uno de los hombres más importantes de nuestro país —fue la respuesta la respuesta.
El joven caballero estaba sorprendido y avergonzado.
—¿Por qué se ofreció a llevar mi pavo? —preguntó.
—Quería darle una lección —contestó el hombre del mercado.
—¿Qué clase de lección?
—Quería enseñarle que ningún hombre debe sentirse demasiado importante como para no llevar sus propios paquetes.
—¡Oh, no! —exclamó otro hombre que lo había visto y oído todo—. El juez Marshall llevó el pavo simplemente porque quería ser amable y servicial. Así es él[2].

Esta historia describe lo que yo llamaría un acto de bondad al azar, y creo que si todos practicáramos más actos de este tipo, el mundo sería un lugar mucho mejor. Es evidente que el juez Marshall tenía un corazón humilde y generoso, y estoy segura de que también tenía un corazón agradecido, porque la humildad, la generosidad y la gratitud van de la mano.

LA GENEROSIDAD ES LA VOLUNTAD DE DIOS

Un corazón agradecido no solo promueve la generosidad, sino que ser generosos con los demás los lleva a ser agradecidos con Dios. Medita en estos versículos:

> Porque la ministración de este servicio no solamente suple lo que a los santos falta, sino que también abunda en muchas acciones de gracias a Dios.
>
> (2 CORINTIOS 9:12)

> Dios ama al dador alegre.
>
> (2 CORINTIOS 9:7)

Puede que te engañes y pienses que no tienes nada que agradecer ni nada que dar a los demás, pero no es cierto. Si respiras, tienes una razón para estar agradecido y, si puedes sonreír, tienes algo para dar que mucha gente necesita. Algunas personas necesitan, sobre todo, una palabra de aliento y cada uno de nosotros puede animar a los demás si dedicamos tiempo a ello. Al animar a los demás, nos olvidamos de nosotros mismos. Cuanto menos egoístas y egocéntricos seamos, más felices nos sentiremos.

Si puedes sonreír, tienes para ofrecer algo que la gente necesita.

Tardé casi toda mi vida en darme cuenta de que dar es una manifestación del amor y es el mensaje central de la Biblia; pero, finalmente, lo entendí. Veamos Juan 3:16: «Porque de tal manera amó Dios al mundo, que *ha dado* a su Hijo unigénito, para que todo aquel que en Él cree, no se pierda, mas tenga vida eterna» (énfasis añadido). Dios ama y da. Si seguimos su ejemplo de amar y dar, experimentaremos su gozo. Creo que amar es la voluntad de Dios. En primer lugar, debemos amar a Dios con todo nuestro corazón y amar a los demás como a nosotros mismos (Mateo 22:37-40). Estos son los dos mandamientos más importantes y, al obedecerlos, estamos cumpliendo la voluntad de Dios.

3

Preséntate como sacrificio vivo

> Así que, hermanos, os ruego por las misericordias de Dios, que presentéis vuestros cuerpos en sacrificio vivo, santo, agradable a Dios, que es vuestro culto racional.
> ROMANOS 12:1

Muchas personas se frustran al tratar de descubrir cuál es la voluntad de Dios para sus vidas, pero no creo que nos tenga que pasar a nosotros. Ofrécete a Dios, como indica la escritura anterior. Cuando estés disponible para Él, te hará saber si hay algo específico que quiere que hagas en el momento oportuno. Hasta entonces, vive tu vida como un representante personal de Jesús. Él quiere presentar su mensaje al mundo a través de ti y de mí (2 Corintios 5:20). Somos sus embajadores en la tierra y este es un gran llamado, aunque nunca hagamos nada más. A menudo, la gente busca algo que el mundo considere especial, algo que los haga sentirse importantes o parecerlo, pero gran parte de ese deseo nace de la inseguridad y de la necesidad de sentirse valiosos. No saben lo especiales, valiosos e importantes que son para Dios.

> Dios quiere que encuentres tu confianza y seguridad en Él.

Dios quiere que encontremos nuestra confianza y seguridad en Él, no en lo que hacemos. Recuerdo cuando trabajaba en la iglesia a mis treinta años y lo emocionada que estaba cuando me asignaron un lugar de estacionamiento especial con mi nombre cerca de la puerta principal. Además, tenía un asiento en la primera fila de la iglesia con un cartel que llevaba mi nombre, y Dave también tenía uno. Con el tiempo, me ascendieron a pastora asociada y directora del ministerio de mujeres, y yo estaba encantada de tener un título que sonara importante. Cada semana, mi nombre junto con el de otros líderes aparecía en el boletín de la iglesia. Ver mi nombre en esa lista me hacía sentir especial. Desde entonces he aprendido que, aunque esas cosas eran un honor, no eran tan importantes como yo pensaba y, desde luego, no aumentaban mi importancia ni mi valor como individuo. A Dios no le impresionan los cargos que ocupamos.

Ahora me doy cuenta de lo absurdo que fue estar tan emocionada por ver mi nombre en un espacio de estacionamiento, en un asiento y en el boletín de la iglesia; pero, en ese momento, estaba recibiendo mi confianza de los lugares equivocados. Con el tiempo, Dios me llevó a ver esto y luego trabajó conmigo para ayudarme a poner mi confianza en Él y solo en Él.

¿En qué depositas tu confianza? ¿Está en lo que haces o en quien eres como hijo de Dios? Tu *identidad* determina tu valor, no lo que *haces*. Si perteneces a Dios por medio de la fe en Jesucristo, obtienes lo que Jesús ganó y merece. Esto no se basa en lo que haces, sino en tu fe. Tú y yo somos coherederos con Cristo a través de nuestra fe en Él (Romanos 8:17).

Catorce años después de su conversión, Pablo fue a Jerusalén para reunirse con los apóstoles. Quería presentarles su llamamiento del Señor y el evangelio que predicaba para ver si los aprobaban y eso fue lo que sucedió (Gálatas 2:1-3). Cabe destacar que esperó catorce años, por lo que, obviamente, no necesitaba su aprobación para tener la confianza suficiente para seguir la voluntad de Dios.

Así como Jesús no se dejaba impresionar por los cargos de la gente y no tenía favoritos, Pablo tampoco lo hacía. En Gálatas 2:6, Pablo escribe:

> Pero de los que tenían reputación de ser algo (lo que hayan sido en otro tiempo nada me importa; Dios no hace acepción de personas), a mí, pues, los de reputación nada nuevo me comunicaron.

ESTAR DISPUESTO A HACER LA VOLUNTAD DE DIOS

En su libro *Mi experiencia con Dios*, Henry Blackaby enseña que hay una pregunta mejor que «¿Cuál es la voluntad de Dios para mi vida?». La pregunta apropiada es simplemente «¿Cuál es la voluntad de Dios?».[3] Debido a nuestra naturaleza egoísta, tendemos a preocuparnos solo por nosotros mismos. Sin embargo, si sabemos cuál es la voluntad de Dios, entonces podemos alinear nuestras vidas con ella.

Jesús consideraba la voluntad de Dios como su máxima prioridad. En Juan 4:34, les dijo a sus discípulos: «Mi comida es que haga la voluntad del que me envió, y que acabe su obra».

Entrégate a Dios para que Él te use de la manera que quiera. No te preocupes por lo que pueda parecer importante o no ante los demás. Una vez que te hayas entregado a Dios, sigue con tu vida, haciendo las cosas a las que me refiero como la voluntad general de Dios para todos nosotros. Si Él tiene alguna tarea específica para ti, te la hará saber.

Yo estaba haciendo mi cama cuando Dios me llamó a enseñar su Palabra. No buscaba ni esperaba recibir un llamado al ministerio. Sin embargo, me había entregado en servicio al Señor unos años antes, durante una reunión dominical matutina en la iglesia. Cuando miro hacia atrás en mi vida, puedo ver que Dios me estuvo atrayendo hacia el ministerio de la enseñanza durante mucho tiempo. No obstante, Él debe trabajar *en* nosotros antes de poder trabajar *a través de* nosotros, y ese es un proceso que, a menudo, lleva bastante tiempo.

Dios debe obrar *en* nosotros antes de poder obrar *a través de* nosotros.

Me entristece ver que la gente se frustra y se esfuerza por averiguar cuál es la voluntad de Dios para su vida. Eso no es necesario. Simplemente, relájate, estate preparado y dispuesto a hacer lo que Dios te pida. Ama a Dios, ama a los demás y disfruta de la vida (Juan 10:10).

TODO SIGNIFICA TODO

Otra versión de Romanos 12:1 (DHH) dice:

> Por tanto, hermanos míos, les ruego por la misericordia de Dios que se presenten ustedes mismos como ofrenda viva, santa y agradable a Dios. Este es el verdadero culto que deben ofrecer.

Observa que debemos presentarnos *nosotros* mismos como sacrificio vivo a Dios. Esto incluye nuestra mente, voluntad, emociones, habilidades, cuerpo, manos, pies, boca, ojos, oídos, dinero, tiempo, posesiones y otros aspectos de lo que somos.

¿Le estás ocultando algo a Dios? Te invito a que pongas todo a su disposición y que no te guardes nada. Al principio, esto suele asustarnos porque tememos que Dios nos pida algo que no queremos dar. Precisamente por eso, es que nos ofrecemos como *sacrificio* vivo. Puede que tengamos que sacrificar algo, pero nunca se nos pedirá que sacrifiquemos más de lo que lo hizo Jesús. Lo que Dios hace o nos pide que hagamos es por nuestro bien. No es un Dios que quita, sino que da. Si nos quita algo, lo hace solo para sustituirlo por algo mejor.

Me encanta cuando la gente me dice: «Quiero trabajar para su ministerio y no me importa en qué. Estaré encantado de hacer todo lo que haga falta». Esas personas son sumamente valiosas. Deberíamos ofrecernos a Dios de la misma manera. Una parte de lo que se conoce como el padrenuestro dice: «Venga tu reino. Hágase tu voluntad, como en el cielo, así también en la tierra» (Mateo 6:10). Este debería ser nuestro principal objetivo.

Jesús no quería ir a la cruz. Pidió tres veces que la copa del sufrimiento le fuera quitada, pero siempre acompañó su petición diciendo que quería que se hiciera la voluntad de Dios, no la suya (Mateo 26:36-44). Quería la voluntad de Dios más que la suya. ¿Estás listo y dispuesto a hacer cualquier cosa que Dios te pida? ¿O tienes algo que quieres hacer y estás orando para que Dios lo bendiga? Siempre estamos mejor cuando seguimos sus planes.

¿Estás listo para hacer cualquier cosa que Dios te pida?

UN DÍA A LA VEZ

Dios rara vez nos muestra el plan completo para nuestras vidas. En su lugar, nos guía un día a la vez. Dios le dijo a Abram que dejara la casa de su padre y su tierra, y que se fuera a un lugar que Él le mostraría (Génesis 12:1). El día que Dios llamó a Abram, no le indicó adónde lo enviaría. Sin embargo, Abram obedeció las instrucciones de Dios, y Dios lo guio día a día, de un lugar a otro. Abram vivía en una carpa y no tenía un hogar permanente, pero creyó en Dios, y eso le fue contado por justicia (Génesis 15:6).

Seguir a Dios cada día demuestra que tenemos fe en Él. Tú puedes conocer la voluntad general de Dios para tu vida, pero el plan específico que Él tiene para ti cada día solo puede revelarse en el tiempo perfecto de Dios. Puedes pasar varios días, incluso semanas, meses o años, sin ninguna instrucción. Cuando esto suceda, sigue haciendo lo último que Dios te dijo que hicieras y estate dispuesto a servirle con alegría mientras esperas.

Sigue haciendo lo que Dios te ha dicho que hagas.

A veces, estamos tan ocupados haciendo lo que creemos que Dios quiere que hagamos, que nos olvidamos de darle prioridad a la adoración o a pasar tiempo con Él. Una vez, cuando trabajaba en la iglesia, me dirigía al trabajo sintiéndome bastante engreída de que «trabajaba para Dios». De pronto, Él susurró en mi espíritu: «Estás orgullosa de ti misma porque trabajas para mí, pero el problema es que no pasas tiempo conmigo». Sentí en mi corazón que había puesto a Dios en primer lugar hasta que obtuve lo que quería y luego lo olvidé. Esto es fácil de hacer, pero está mal. Siempre debemos buscar a Dios primero. Cuando hacemos esto, Él nos mostrará más sobre cuál es su voluntad específica para nosotros. Con los años aprendí a buscar el rostro de Dios (quién es Él) y no su mano (lo que Él puede hacer por nosotros). Si buscamos su rostro, su mano siempre estará abierta. La vida eterna consiste en conocerlo (Juan 17:3), no solo en saber acerca de Él, sino en conocerlo profunda e íntimamente. Esto solo ocurre cuando invertimos tiempo en desarrollar nuestra relación con Dios.

Busca el rostro de Dios, no su mano.

No te sorprendas si, cuanto más maduro espiritualmente te vuelves, menos te habla Dios. En los primeros años de mi caminar con Dios, Él parecía hablarme con frecuencia. Sin embargo, en los últimos años, rara vez lo hace. Creo que se debe a que, a medida que maduramos, Dios espera que conozcamos su voluntad y la pongamos en práctica sin instrucciones específicas para ello. Se podría decir así: cuando yo era una cristiana novata, Dios tenía que gritar para llamar mi atención; ahora Él susurra en mi espíritu, y yo puedo discernir su voz. Sé, en mi espíritu, si estoy haciendo algo que Dios no aprueba. Cuando eso sucede, no necesito orar. Simplemente necesito cambiar de dirección y alinearme con la voluntad de Dios. No estoy diciendo que me salga perfectamente todo el tiempo, pero estoy creciendo y he aprendido a celebrar mis éxitos en lugar de desanimarme, a menudo, por mis fracasos.

ENTREGARSE COMPLETAMENTE A DIOS ES UN PROCESO

Medita sobre los siguientes versículos sobre la entrega a Dios. Santiago 4:7 dice: «Así que, entréguense a Dios, resistan al diablo y el diablo huirá de ustedes» (PDT). Resistimos al diablo cuando nos sometemos a Dios. Y Romanos 6:13 dice: «No dejen que ninguna parte de su cuerpo se convierta en un instrumento del mal para servir al pecado. En cambio, entréguense completamente a Dios, porque antes estaban muertos pero ahora tienen una vida nueva. Así que usen todo su cuerpo como un instrumento para hacer lo que es correcto para la gloria de Dios» (NTV).

Estas instrucciones sobre entregarnos completamente a Dios requieren morir a la voluntad propia. Este no es un proceso rápido ni fácil. Pablo escribe en Gálatas 2:20:

> Con Cristo estoy juntamente crucificado, y ya no vivo yo, mas vive Cristo en mí; y lo que ahora vivo en la carne, lo vivo en la fe del Hijo de Dios, el cual me amó y se entregó a sí mismo por mí.

Aunque los eruditos no se ponen de acuerdo sobre la fecha exacta en que Pablo escribió su carta a los gálatas, podemos afirmar que la escribió aproximadamente veinte años después de su conversión. Esto indica que se tardó algún tiempo en llegar a este punto. Recordemos que también dijo que había *aprendido* a contentarse (Filipenses 4:11). Aprender lleva tiempo y requiere pasar por situaciones y ganar experiencia con Dios y su fidelidad.

DISFRUTA DEL CAMINO

Es posible que estés ansioso por conocer la voluntad específica de Dios para tu vida: ¿quiere que te dediques al ministerio a tiempo completo o que vayas al campo misionero? Tal vez, deberías ser enfermero o médico, panadero o banquero. Si no estás seguro, quiero animarte a que no te frustres tratando de averiguarlo. Encuentra algo que te guste hacer y hazlo.

Dios no te llamará a hacer algo que te haga infeliz.

Dios no te llamará a hacer algo que te haga infeliz. Por lo general, tus talentos naturales indican el área de trabajo a la que has sido llamado. Dave y yo conocemos a una joven que está especialmente dotada para la edición de video, pero que no tenía ningún deseo de ir a la universidad ni de obtener una educación formal en ese campo. Como tenemos un ministerio de televisión, necesitamos gente en el campo audiovisual, así que ella solicitó un puesto en nuestro ministerio. Pasó por el mismo proceso de entrevistas que cualquier otra persona y se determinó que podía ayudar a uno de los editores, y veríamos cómo se desarrollaba. Su talento y su ética de trabajo sorprendieron a todos y, en poco tiempo, ella ya tenía su propia sala de edición y trabajaba sola. Dios le dio talento y le abrió una puerta. Él hará lo mismo por ti. Puedes sentirte guiado a ir a la universidad o no; lo importante es ser fiel a tu corazón y seguir la guía del Espíritu Santo. Una buena educación es maravillosa y útil, pero no es lo único que nos califica para que Dios pueda usarnos. La unción de Dios (su presencia y su poder) es la que nos califica.

Es importante que disfrutes de tu viaje por la vida. Jesús dijo que había venido para que tuviéramos una vida abundante y disfrutáramos de ella (Juan 10:10). En lugar de ponerte la carga de escuchar a Dios, confía en que Él te hablará. Cuando Dios quiera decirte algo, se asegurará de que lo oigas.

4

Aprende a escuchar a tu corazón

Confía en el Señor de todo corazón y no te apoyes en tu propia inteligencia. Reconócelo en todos tus caminos y Él enderezará tus sendas.

Proverbios 3:5-6 NVI

Cuando (1 Pedro 3:4) nos resistimos a la ansiedad y estamos tranquilos y apacibles en lo íntimo del corazón, Dios se complace y lo considera hermoso. El interior del corazón es sinónimo del espíritu de una persona, nuestro ser más íntimo. Cuando nacemos de nuevo, Dios nos da un corazón nuevo y pone su Espíritu en nosotros. Según Ezequiel 36:26, Él quita el viejo corazón de piedra y nos da uno de carne. Tener un corazón de carne significa que somos sensibles al toque de Dios; tener un corazón de piedra implica que somos resistentes a la voluntad de Dios. A menudo, una persona de corazón duro es poco compasiva, implacable y dura en su forma de ser y tono de voz. También le resulta difícil escuchar claramente a Dios. Estoy agradecida porque Dios quita nuestro corazón duro y nos da un corazón nuevo, uno que nos hace sensibles a Él. Como tenemos el corazón de Dios en nosotros, podemos seguirlo con confianza, ya que nos ayuda a conocer su voluntad.

Para saber lo que Dios pone en nuestro corazón, debemos aprender a estar quietos y en silencio. Nuestra mente puede estar llena de muchas cosas a la vez y volverse sumamente confusa, así que, mientras buscamos la voluntad de Dios, necesitamos aquietar nuestros pensamientos y ver lo que hay en nuestro corazón.

> Para saber lo que Dios pone en tu corazón, debes acallar tu mente.

Un pastor que conozco estaba a punto de graduarse en un instituto bíblico y sabía que había sido llamado a ser pastor. Quería volver a su ciudad natal, Saint Louis, y fundar una iglesia allí. Sin embargo, antes de graduarse, le ofrecieron un trabajo prestigioso en la iglesia asociada con el instituto bíblico al que asistía. Pronto, se sintió confundido y atrapado entre dos opciones. Necesitaba tomar una decisión, pero no sabía qué hacer. Le pidió consejo a un hombre sabio de Dios, quien le dijo que se fuera a algún lugar a solas, calmara su mente y viera lo que había en su corazón. Cuando lo hizo, pronto se dio cuenta de que volver a su ciudad para fundar una iglesia seguía estando en su corazón, así que eso fue lo que hizo. Si hubiera aceptado la oferta de la iglesia asociada al instituto bíblico, habría tenido una seguridad financiera inmediata, mientras que volver a casa para fundar una iglesia lo dejaba totalmente dependiente de Dios. Me alegro de que este pastor escuchara a su corazón, porque la iglesia que fundó es donde comenzó mi ministerio. El camino que este pastor tomó fue el más difícil de los dos que tenía delante, pero también le trajo mucha alegría y satisfacción porque sabía que estaba en la voluntad de Dios.

DIOS MIRA EL CORAZÓN

La oración que David hace en Salmos 51:10 es una gran oración para nosotros también: «Crea en mí, oh Dios, un corazón limpio y renueva un espíritu firme dentro de mí» (NVI).

En 1 Samuel 16, Dios envía al profeta Samuel a ungir a un nuevo rey de entre los hijos de Isaí para que ocupe el lugar del rey Saúl, quien lo había desobedecido. Samuel miró a los siete hijos de Isaí y estuvo tentado de elegir al que tenía el mejor aspecto. Sin embargo, Dios lo detuvo, diciéndole que ninguno de los jóvenes que tenía delante era el elegido. Samuel preguntó si había otros hijos, e Isaí respondió que tenía un hijo menor llamado David, que estaba cuidando las ovejas en el campo durante la visita de Samuel. Tal vez debido a la juventud de David, Isaí lo había descartado y ni siquiera lo llamó del campo para que sea considerado como el futuro rey (v. 10). En cuanto

Samuel se enteró de la existencia de David, pidió que lo fueran a buscar (v. 11). Cuando Samuel lo vio, Dios le reveló que David era el elegido para reemplazar a Saúl (v. 12). David tenía un corazón puro hacia Dios.

Dios, a menudo, escoge a personas que nos sorprenden. Nosotros nos fijamos en su aspecto, en su experiencia o en sus errores pasados, pero Dios ve su corazón. Este fue mi caso. A simple vista no estaba cualificada para enseñar la Palabra de Dios. Empecé a enseñar mi primer estudio bíblico con pantalones cortos, fumando cigarrillos y soplando humo en la cara de los demás. Como dijo un amigo, no tenía «la personalidad adecuada» para ser maestra de la Biblia. Era brusca, dura, testaruda, crítica e implacable y tenía muchas otras características que deberían haberme descalificado. Sin embargo, Dios vio mi corazón. Sabía que había sufrido abusos sexuales y que me habían hecho mucho daño, pero también sabía que lo amaba profundamente y que lo había amado desde que era una niña. Quería servirle, pero tenía mucho que aprender y estaba dispuesta a hacerlo. Dios me calificó por su unción (gracia y poder), no por mi talento natural. Y, si Él te elige, hará lo mismo. Él te transformará y te hará un vaso apto para que pueda usarte.

Debemos tener cuidado de no emitir opiniones precipitadas sobre las personas y tomarnos el tiempo necesario para conocer su corazón, la persona real, quién es por dentro. Con demasiada frecuencia juzgamos a las personas sin conocer sus antecedentes ni comprender por lo que han pasado, y decidimos que no son útiles para Dios. Pero Dios conoce y comprende todo. Él mira más allá de las apariencias.

Dios mira más allá de las apariencias.

Por otro lado, a menudo se promueve demasiado pronto a las personas con talento que, aunque sean talentosas, no tienen corazones o motivaciones puras y causan problemas o terminan trayendo vergüenza a la causa de Cristo. Muchos de nosotros hemos oído historias de líderes que tienen relaciones extramatrimoniales, son adictos al alcohol o a las drogas, administran mal las finanzas del ministerio y hacen otras cosas de dudosa reputación. Pablo incluso aconseja no poner a un recién convertido en una posición de liderazgo porque podría envanecerse (1 Timoteo 3:6).

Dios siempre está buscando personas que le sirvan, que le permitan obrar a través de ellas para extender su reino. En 2 Crónicas 16:9, se expresa lo siguiente: «Porque los ojos de Jehová contemplan toda la tierra, para mostrar su poder a favor de los que tienen corazón perfecto para con Él». Dios no busca personas con un desempeño perfecto, sino aquellas con un corazón irreprochable que, sinceramente, quieran hacer lo que es correcto y agradable a sus ojos. Puedes tener un corazón perfecto y, aun así, cometer errores. Dios puede usar a personas con corazones buenos y puros porque son enseñables y seguirán creciendo espiritualmente.

GUARDA TU CORAZÓN

> Por sobre todas las cosas cuida tu corazón,
> porque de él mana la vida.
> PROVERBIOS 4:23 NVI

Debemos tener cuidado con lo que leemos, escuchamos y vemos en la televisión. Es importante que aprendamos a guardar nuestro corazón porque es la fuente desde la cual hablamos y tomamos decisiones. Hace poco, alguien me contó todos los problemas que había en su iglesia. Al cabo de un rato, empecé a irritarme. No quería escuchar esa información porque sabía que afectaría negativamente mi actitud hacia la Iglesia y no quería que eso sucediera basándome en la opinión de una sola persona.

> El corazón es la fuente desde la cual hablas
> y tomas decisiones.

Cuando alguien chismorrea sobre otra persona, conviene preguntarle de dónde ha sacado la información. A menos que esta provenga de dos o tres testigos fiables, como dice la Escritura (Mateo 18:16), debemos cambiar de tema a algo positivo o ser lo suficientemente valientes para decirle que preferimos no escuchar chismes. Si queremos caminar en la voluntad de Dios para nuestra vida, debemos guardar nuestro corazón y mantenerlo puro y limpio.

La Biblia nos enseña a creer siempre lo mejor de las personas (1 Corintios 13:7). Este consejo bíblico me ha ayudado mucho. Pensar de manera suspicaz y negativa sobre la gente no solo no es la voluntad de Dios, sino que también nos hace infelices. Los buenos pensamientos crean felicidad, y los malos, miseria. No todas las personas son buenas y, a veces, tenemos que enfrentarnos a sus acciones pecaminosas, pero debemos detenernos antes de sacar conclusiones precipitadas e intentar discernir la verdad antes de juzgar.

Dios nos habla o, como me gusta decir, nos *susurra* en nuestro corazón. El corazón o espíritu debe mantenerse en un estado pacífico o tranquilo, dispuesto a escuchar y seguir la dirección de Dios.

BUSCA A DIOS CON TODO TU CORAZÓN

Me buscarán y me encontrarán cuando me busquen de todo corazón.

JEREMÍAS 29:13 NVI

Buscar es una palabra fuerte. Significa desear, explorar, escudriñar, inquirir, examinar, considerar, esforzarse y anhelar. Jeremías 29:13 nos anima a hacer de la búsqueda de Dios una prioridad en nuestra vida. Podemos hacerlo estudiando su Palabra, obedeciéndola, agradeciéndole todo lo que hace por nosotros y orando (hablando con Él) acerca de todo. También podemos buscar a Dios al meditar o pensar en su Palabra. Si pones a Dios en primer lugar, por encima de todas las demás cosas, pronto disfrutarás de una relación profunda e íntima con Él.

Cuando se trata de tomar decisiones, especialmente si estas son importantes, es sabio buscar a Dios primero en cuanto a lo que debes hacer. No es necesario que le consultes cada pequeña decisión que debas tomar, porque Él te ha dado sabiduría y espera que la uses. Sin embargo, buscarlo y esperar en Él con respecto a las decisiones importantes te proporciona una red de seguridad.

Pasamos la mayor parte de nuestro tiempo viviendo según nuestra mente. Pensamos, pensamos y pensamos, y luego actuamos conforme a lo que pensamos. Esto no es un problema si pensamos de acuerdo con la Palabra de Dios. Sin embargo, si nuestros pensamientos son carnales o mundanos, tomar decisiones sin consultar a Dios puede causarnos muchos problemas. En Proverbios 3:6, se nos insta a reconocer a Dios en todos nuestros caminos. Hacer esto demuestra respeto por Él. Puede que Dios apruebe con frecuencia lo que planeamos, pero al menos le damos la oportunidad de hacernos cambiar de opinión si vamos en la dirección equivocada.

Crea el hábito de pedirle ayuda a Dios en todo lo que haces. Como dice Santiago 4:2, no tenemos ciertas cosas porque no las pedimos, así que creo que siempre es una buena idea pedirle ayuda a Dios en las cosas importantes de la vida y en las aparentemente menores. Nada es demasiado grande ni demasiado pequeño. Dios está interesado en todo lo que haces y quiere ayudarte en todo lo que necesites.

En 1 Crónicas 16:11, se expresa lo siguiente: «¡Busquen al Señor y su fuerza; anhelen siempre su rostro!» (NVI). La fortaleza de Dios es algo que pido constantemente y, cuanto mayor me hago, más la pido. Dios puede capacitarnos para hacer cualquier cosa que Él quiera que hagamos por medio de su fuerza.

En Efesios 3:16 NVI, Pablo ora para que los creyentes seamos fortalecidos en lo más íntimo de nuestro ser. En su oración, escribe: «Le pido que, por medio del Espíritu y con el poder que procede de sus gloriosas riquezas, los fortalezca a ustedes en lo íntimo de su ser». En Filipenses

4:13, Pablo nos enseña que podemos hacer todas las cosas «en Cristo que me fortalece». No renuncies a la fuerza de Dios suponiendo que puedes hacer algo sin Él. Jesús dice en Juan 15:5 que, separados de Él, nada podemos hacer. Él quiere que nos apoyemos y dependamos completamente de Él.

Hebreos 11:6 nos da una gran promesa. Nos dice que Dios es «galardonador de los que le buscan». Me emociono al pensar en las recompensas de Dios. No está claro cuáles serán exactamente, pero podemos estar seguros de que serán maravillosas.

Dios recompensó a Job con el doble de lo que había perdido después de que orara por sus amigos, quienes lo habían tratado injustamente (Job 42:10). Asimismo, Isaías escribe que Dios nos recompensa doblemente por nuestra vergüenza (Isaías 61:7).

Dios recompensó a Job después de que este orara por sus amigos, quienes lo habían maltratado.

DIOS VIVE EN TI

En Colosenses 1:27, Pablo afirma que Cristo, en nosotros, es la esperanza de gloria y define esto como un misterio. No podemos entender con la mente natural cómo Dios puede venir a vivir en nuestro espíritu (corazón), pero podemos creerlo porque la Palabra de Dios lo dice así. Puesto que Él está en nosotros, debemos mirar hacia nuestro interior cuando buscamos dirección. Recuerdo que, cuando recién me había convertido, a menudo, buscaba a Dios y sentía que no lo encontraba. Un día le dije: «Siempre te busco y nunca te encuentro». Él habló a mi corazón: «Estás buscando en el exterior, pero deberías buscar en tu interior». En aquel momento no entendí muy bien lo que significaba esa instrucción. Sin embargo, con los años, he aprendido que Dios susurra a nuestro corazón y nos guía cuando lo necesitamos. Dios le habló a Elías con una voz suave y apacible, no con ruidos fuertes y estruendosos (1 Reyes 19:11-13).

No solo debemos aprender a desarrollar y mantener la quietud interior, sino que también debemos dejar de apresurarnos y correr tanto. Debemos aprender a vivir al ritmo de Dios, que no es un ritmo frenético, apresurado y ruidoso. Es pacífico y agradable. Más adelante, leerás más sobre cómo oír a Dios, pero una cosa es segura: no podemos oírlo si no lo escuchamos, y Él no gritará por encima del bullicio de nuestra vida.

Dios no gritará por encima del bullicio de tu vida.

Cada día, dedica un tiempo a esperar en Dios en silencio y dale la oportunidad de hablarte si así lo desea. Ve a un lugar tranquilo y permanece en silencio. Hazle saber que estás escuchando y, si Él no te da ninguna instrucción específica, confía en que guiará tus pasos a medida que los vayas dando. Cuando buscamos el rostro de Dios y tratamos de vivir de acuerdo con su voluntad, Él siempre nos hará saber si nos estamos equivocando.

Dios nos da mucha libertad para tomar nuestras propias decisiones. Dave y yo tenemos cuatro hijos adultos y, si uno de ellos me pregunta si puede visitarnos el sábado, le digo que sí, a menos que tengamos algo planeado. Si vamos a estar en casa todo el día y me preguntan a qué hora quiero que vengan, probablemente les diré: «Lo que sea mejor para ustedes nos vendrá bien». Dios no siempre tiene una preferencia sobre lo que hacemos si nuestras acciones no van en contra de su Palabra.

Piensa en la voluntad de Dios de la siguiente manera: si tienes hijos y les dices que vayan a jugar, es posible que te dé igual si lo hacen en su cuarto o en el patio. De la misma manera, no necesitamos instrucciones sobre cada pequeño detalle de nuestras vidas; simplemente, necesitamos estar abiertos a cambiar nuestra dirección si Dios así nos lo muestra.

Dios te da libertad para tomar tus propias decisiones.

5

Da un paso de fe

En efecto, vivimos por fe, no por vista.
2 Corintios 5:7 nvi

Caminar guiados por la fe y no por lo que vemos significa vivir de acuerdo con lo que dice la Palabra de Dios, no con lo que pensamos o sentimos, y creer que Él habla a nuestros corazones y nos guía. Cuando sentí en mi corazón que Dios me llamaba a enseñar su Palabra, no vi ninguna evidencia en el mundo natural de que se convertiría en realidad. Sin embargo, di un paso de fe e invité a doce mujeres a un estudio bíblico, y todas dijeron que sí. Mi primer paso funcionó, así que di un segundo paso, y así sucesivamente. Desde entonces, he dado miles de pasos de fe, pero no estaría donde estoy hoy en mi ministerio si no hubiera dado ese primer paso.

    El primer paso de fe suele ser el más difícil de tomar porque no estamos acostumbrados a seguir el camino al que sentimos que Dios nos llama. Estamos acostumbrados a vivir según lo que vemos y percibimos, así que queremos tener pruebas o ver algo tangible que nos haga saber que estamos haciendo lo correcto antes de dar el primer paso. Pero Dios actúa de maneras totalmente distintas a las que estamos acostumbrados (Isaías 55:8-9). Puede que te preguntes qué ocurre si crees que estás dando un paso de fe y las cosas no funcionan. La respuesta es seguir orando por sabiduría y claridad, y seguir confiando en la promesa de Dios de que Él guiará tus pasos cuando busques su voluntad.

Si tenemos miedo de equivocarnos, nunca aprenderemos a escuchar a Dios y a caminar por fe. Nunca debes tener miedo de Dios: miedo de que se enfade contigo si cometes un error, o miedo de que no te ayude a volver al camino correcto. Él te ama y siempre está dispuesto a ayudarte si se lo pides.

Una vez, realmente creí que Dios quería que trabajara en mi iglesia. Me contrataron para ser la secretaria del pastor y, al cabo de un día, él vino y me dijo: «Algo no funciona bien aquí. No encajas bien en este trabajo». De más está decir que me sentí devastada. Pero, al poco tiempo, me pidió que enseñara un estudio bíblico semanal para mujeres en la iglesia. Aunque no sentía que mi llamado fuera enseñar solo a mujeres, ese estudio bíblico era la única oportunidad de enseñanza que tenía en ese momento, así que lo acepté. La primera semana, algo más de cien mujeres asistieron, ¡lo cual fue asombroso, porque solo había treinta personas en la iglesia! Las mujeres vinieron de todas las denominaciones, simplemente porque habían oído hablar de él de boca en boca. No me conocían, pero Dios las atrajo. La asistencia a ese estudio bíblico llegó a ser de entre cuatrocientas y quinientas mujeres cada semana.

Si hubiera seguido siendo la secretaria del pastor, habría perdido esa oportunidad perfecta. Recuerda que lo primero que intenté no funcionó, pero no me rendí. Caminar por fe es un viaje que hacemos paso a paso. Damos un paso y luego averiguamos si lo que estamos haciendo es la voluntad de Dios para nosotros. Si no lo es, no hay razón para avergonzarse o sentirse mal, porque todo el que camina por fe comete errores a veces.

> Si caminas por fe, no te avergüences de cometer errores.

Cuando vivimos por fe, somos como bebés que aprenden a caminar. A veces nos caemos, pero los bebés siempre se levantan y vuelven a intentarlo, y eso es todo lo que tenemos que hacer nosotros. La primera vez que intenté salir en televisión fue un fracaso épico porque no era el tiempo de Dios. Además, el tipo de programa que intenté hacer no era el que Él quería para mí. Traté de conducir un programa de entrevistas en el que hablaba con distintos invitados. El problema era que, cuando les hacía preguntas, generalmente, interrumpía sus respuestas y las contestaba yo misma. En seis meses de emisión una vez por semana en mi ciudad, recibimos uno o dos correos en respuesta al programa. Supusimos que Dios no nos estaba llamando a salir al aire y lo dejamos. Dos o tres años después, Dios guio a Dave a comprar una cámara de televisión para que las enseñanzas que yo estaba compartiendo pudieran ser capturadas en lugar de perderse para siempre. Me molestó un poco que comprara la cámara porque él y yo no lo habíamos discutido; y, normalmente, habríamos analizado juntos una compra tan costosa.

En aquel momento no teníamos ni idea de lo que haríamos con el material que estábamos grabando, pero Dios sí lo sabía. Poco después, Dios le habló a Dave una vez más, haciéndole saber que íbamos a salir en la televisión. No teníamos ni idea de lo que estábamos haciendo o de cómo iba a suceder. Sin embargo, unos meses antes, alguien había solicitado ser productor de televisión para nuestro ministerio, y, simplemente, archivamos su solicitud. No estábamos en televisión, así que ¿para qué íbamos a necesitar un productor? Dios sabía cosas que nosotros no, y nos proporcionó a la persona que necesitábamos antes de que supiéramos que la íbamos a necesitar. ¡Dios es asombroso!

Nos acordamos del productor y lo llamamos para que viniera a una entrevista. Nos dio algunas ideas sobre cómo empezar y se convirtió en nuestro primer productor de televisión.

El siguiente paso de fe tuvo que ver con el dinero. No se puede salir en televisión sin dinero y nosotros no teníamos para un proyecto semejante. Entonces les escribimos a las personas de nuestra lista de correo, que no era muy grande en aquel momento, y les dijimos que creíamos que Dios quería que estuviéramos en la televisión. Les explicamos cuánto dinero necesitábamos para lograrlo y recibimos exactamente esa cantidad en respuesta a la carta. Como puedes ver, dimos un paso de fe a la vez. Para resumir una historia muy larga, permíteme decir que hoy estamos en televisión en cerca de dos tercios del mundo, en 110 idiomas. En marzo de 2023, celebramos nuestro trigésimo año al aire. Lo que Dios ordena, Él lo paga, y su voluntad siempre se cumple si damos un paso de fe.

Dios actúa a través de nosotros, no independientemente de nosotros. Pero tampoco lo hace todo por nosotros. Caminar con Dios es como bailar. Él pone un sentir en nuestro corazón, nosotros damos un paso de fe, y Él hace que funcione. Hemos sido testigos de su fidelidad muchísimas veces. En cada ocasión, dimos otro paso, y Él hizo que funcionara. Así, hasta el día de hoy. Dios ha sido fiel en cada paso del camino y, aunque cometimos algunos errores, nuestro corazón estaba en el lugar correcto. Dios siempre nos condujo conforme a su perfecta voluntad.

¿ESTÁS DISPUESTO A DAR ESE PASO DE FE?

Mateo 14:22-33 relata la historia de cuando los discípulos de Jesús lo vieron caminar hacia su barca sobre las aguas del mar de Galilea. Pedro también quiso caminar sobre el agua, así que le pidió a Jesús que lo invitara a acercarse a Él. Jesús lo llamó, y Pedro salió de la barca. Caminó por un momento sobre las aguas, pero el viento y las olas lo asustaron, y empezó a hundirse. En ese instante, Jesús extendió su mano y lo rescató para que no se ahogara. Pedro fue el único de los doce discípulos que caminó sobre el mar, pero también fue el único que se atrevió a salir de la barca. No tengo dudas de que cuando Pedro salió, no estaba seguro de poder caminar sobre las aguas. Tuvo que ser valiente y estar dispuesto a fracasar para ver si lo conseguía. ¿Eres lo suficientemente valiente como para arriesgarte a fracasar para ver si puedes lograr algo que nunca has hecho antes?

Es posible que, de momento, te encuentres ante nuevas oportunidades o nuevos retos. Aunque, en tu corazón, deseas dar el paso, puede que te asalten las dudas. Si es así, sé cómo te sientes, pero te animo a que lo des. De lo contrario, siempre te preguntarás qué habría pasado si lo hubieras dado.

¿Tienes el valor suficiente para arriesgarte a fracasar?

Según Colosenses 1:4, en palabras de la versión clásica de la *Amplified Bible* [Biblia Amplificada], la fe es la inclinación de «toda nuestra personalidad humana sobre Dios en absoluta confianza y seguridad en su poder, sabiduría y bondad». Y Hebreos 11:1 afirma: «Es, pues, la fe la certeza de lo que se espera, la convicción de lo que no se ve». Cuando caminamos por fe, podemos creer con todo nuestro corazón que algo es una realidad, aunque no podamos verlo ni sentirlo. Dado que caminar por fe es una nueva forma de vivir, a menudo es difícil dar los primeros pasos. Pero, con el tiempo, vivir por fe se convertirá en algo natural. Dios tiene grandes cosas preparadas para ti. Jesús dijo que podríamos hacer las cosas que Él hizo e incluso cosas mayores (Juan 14:12). Esto puede parecer imposible. Sin embargo, con la tecnología disponible hoy en día, podemos llegar en treinta minutos a millones de personas más de las que Jesús alcanzó durante su ministerio de tres años. Por supuesto, no somos nosotros los que lo hacemos, sino que Jesús lo hace a través de nosotros. Solo recuerda que Él usa a las personas y que necesita que cada uno de nosotros esté listo para servirle en cualquier capacidad que nos pida. No importa cuán grande o pequeña sea nuestra parte. Lo importante es que estemos dispuestos a dar ese primer paso de fe.

DIOS DA MUCHOS DONES

Es probable que hayas comprado este libro porque quieres encontrar la voluntad de Dios para tu vida, como bien sugiere el título. Pero puede que aún te preguntes: «¿Qué tengo que hacer?». Preséntate a Dios y Él te lo revelará en el momento oportuno.

Tal vez eres un ayudante. Existen millones de personas en esa posición. No todos suben a un escenario o a un púlpito para predicar, pero aquellos que lo hacen necesitan muchos ayudantes para llevar a cabo su labor. Conozco a varias personas que no desean estar a cargo, pero que sí quieren involucrarse y ayudar. Ayudar es una parte importante y vital del crecimiento del reino de Dios. A medida que reflexiono sobre esto, me voy dando cuenta de lo que supone ser un ayudante porque el Espíritu Santo lo es para nosotros (Juan 14:26; 15:26). Quienes ayudan participan del ministerio del Espíritu Santo. Si ayudar es un ministerio lo suficientemente bueno para Él, también debería serlo para nosotros.

Sé un ayudante y participa en el ministerio del Espíritu Santo.

Al Espíritu Santo también se le conoce como el Consolador (Juan 14:26; 15:26). ¿Y si Dios nos quiere más que nada como ayudantes y consoladores de las personas? ¿Estás dispuesto a hacerlo? Esto puede parecer un papel sin importancia; pero, una vez más, si es lo suficientemente bueno para el Espíritu Santo, deberíamos estar contentos de compartir su ministerio. Millones de personas necesitan aliento y consuelo, así que, si eso describe aquello a lo que Dios te ha llamado, nunca te quedarás sin oportunidades.

Algunas personas son dadoras y serán dotadas por Dios para generar dinero. Pueden ser dueños de negocios, grandes inversionistas o inventores. En Romanos 12:6-8, Pablo escribe sobre los siete dones motivadores que Dios da a las personas:

> De manera que, teniendo diferentes dones, según la gracia que nos es dada, si el de profecía, úsese conforme a la medida de la fe; o si de servicio, en servir; o el que enseña, en la enseñanza; el que exhorta, en la exhortación; el que reparte, con liberalidad; el que preside, con solicitud; el que hace misericordia, con alegría.

En 1 Corintios 12:4-11, escribe sobre otros ocho dones:

> Ahora bien, hay diversidad de dones, pero el Espíritu es el mismo. Y hay diversidad de ministerios, pero el Señor es el mismo. Y hay diversidad de operaciones, pero Dios, que hace todas las cosas en todos, es el mismo. Pero a cada uno le es dada la manifestación del Espíritu para provecho. Porque a este es dada por el Espíritu palabra de sabiduría; a otro, palabra de ciencia según el mismo Espíritu; a otro, fe por el mismo Espíritu; y a otro, dones de sanidades por el mismo Espíritu. A otro, el hacer milagros; a otro, profecía; a otro,

discernimiento de espíritus; a otro, diversos géneros de lenguas; y a otro, interpretación de lenguas. Pero todas estas cosas las hace uno y el mismo Espíritu, repartiendo a cada uno en particular como Él quiere.

No podemos elegir el don que queremos tener porque el Espíritu Santo los da como Él considera mejor para el bien y el provecho de todos. En 1 Corintios 12:28, encontramos otra lista de dones, que incluye la administración, es decir, el don de organización, sin el cual habría caos:

> Y a unos puso Dios en la iglesia, primeramente apóstoles, luego profetas, lo tercero maestros, luego los que hacen milagros, después los que sanan, los que ayudan, los que administran, los que tienen don de lenguas.

En Efesios 4, Pablo comparte otra lista de dones y señala que el «don de Cristo» a todos los creyentes incluye apóstoles, profetas, evangelistas, pastores y maestros, «a fin de perfeccionar a los santos para la obra del ministerio» (vv. 7, 11-12).

Todos tus dones deben cooperar en unidad para ver cumplida la voluntad de Dios.

Como puedes ver, los dones que Dios da a su pueblo son muchos y variados. La Biblia no dice que unos sean mejores que otros. Para ver cumplida la voluntad de Dios, necesitamos que todos los dones cooperen en unidad, sin celos ni competencia. Me encantan los siguientes versículos. Nos aseguran que, si cada uno hace su parte, Dios nos dará el crecimiento y que ninguno de nosotros es mejor que los demás por tener un don particular. También afirman que cada uno de nosotros recibirá una recompensa por su labor:

> Yo planté, Apolos regó; pero el crecimiento lo ha dado Dios. Así que ni el que planta es algo, ni el que riega, sino Dios, que da el crecimiento. Y el que planta y el que riega son una misma cosa; aunque cada uno recibirá su recompensa conforme a su labor.
>
> (1 CORINTIOS 3:6-8)

PERMANECE HUMILDE Y HAZ TU PARTE

Algunas personas tienen más de un don. A veces, pueden ejercer normalmente un don en particular, pero Dios puede usarlos en algún otro don por un período de tiempo y para un propósito especial. En Hechos 6:1-5, aprendemos que los apóstoles de la iglesia primitiva eligieron a siete hombres para que atendieran a las viudas, de modo que pudieran dedicarse a orar y a predicar la Palabra. Uno de ellos fue Esteban, quien sirvió como diácono en la iglesia primitiva, pero Dios también le dio gran poder para hacer milagros entre la gente (Hechos 6:8). En mi opinión, él no pensaba que servir mesas y distribuir comida fuera algo indigno de él, así que también tuvo el privilegio de hacer milagros.

Permanece abierto a que Dios te use como Él quiera.

Para descubrir la voluntad de Dios para nuestra vida, debemos permanecer abiertos a que Dios nos use como Él considere oportuno en cada momento. No podemos decidir lo que queremos hacer si queremos experimentar la voluntad de Dios para nosotros. Para tener éxito, debemos buscar la voluntad de Dios, dar un paso en la fe y creer que el Espíritu Santo nos guiará conforme a su voluntad.

6

¿Qué pasaría si...?

Es mejor disparar y fallar que dejar que el tiempo se acabe y preguntarse qué hubiera pasado.

ATRIBUIDO A MICHAEL JORDAN[4]

Si decides dar un paso de fe, como te anima a hacer el capítulo anterior, puedes estar seguro de que te asaltarán muchas dudas. Muchas de ellas no serán positivas, pero puedes sustituir cada una de las negativas por algo optimista. Aquellas que intentan asustarte para que no des ese paso de fe no vienen de Dios, sino de nuestro enemigo número uno: Satanás.

Puede que tengas preguntas del tipo «¿Y si fracaso?» o «¿y si pruebo algo nuevo y en el proceso pierdo lo que tengo?». Este último interrogante es muy difícil de superar porque, aunque queramos probar algo nuevo, emocionante y que suponga un desafío, no queremos acabar sin nada. Por eso, a menudo, nos conformamos y nos quedamos con lo que tenemos en lugar de arriesgarlo todo. Ese «y si…» en particular me hizo quedarme en un ministerio donde trabajé mucho tiempo después de que Dios me estuviera guiando a salir y hacer cosas más grandes. Tenía miedo de que si me equivocaba en lo que pensaba que Dios me estaba guiando a hacer, terminaría sin poder ministrar a nadie. Ese miedo me paralizó y me hizo sentir miserable durante un año. Dave me dijo que debía dejar mi trabajo y comenzar los Ministerios Joyce Meyer. Mis amigos me dijeron que debía dejarlo. Incluso un hombre que no conocía me dijo que había estado orando por mí y que Dios quería que extendiera mis fronteras. Una mujer me dijo que había tenido una visión en la que yo estaba atada de raíz, como una planta que no puede crecer porque su maceta es demasiado pequeña, y que no podría crecer más hasta que estuviera en una maceta propia, por así decirlo. No me faltaba confirmación, solo me asustaba el «y si...».

Al final, me sentí tan miserable que tuve que dar un salto de fe y seguir mi corazón. Recuerdo mi último día en la iglesia donde trabajaba. Salí por la puerta sin dinero, sin una dirección concreta y sin nadie que me dijera qué hacer, excepto Dios. Me alegra decir que Él fue fiel y me guio en cada paso del camino. Sin embargo, en el momento en que dejé mi trabajo, no tenía ninguna prueba de que Dios me guiaría y proveería. Tuve que adentrarme en lo desconocido para descubrirlo. Ha sido un viaje largo y a veces difícil, pero estoy muy contenta de haber afrontado el miedo y haberme arriesgado.

EL MIEDO ES EL ENEMIGO DE LA FE

Recibimos todo lo que Dios quiere que tengamos por medio de la fe y perdemos todo lo que el diablo quiere que perdamos a través del miedo. El diablo sustituye la fe por el miedo. Él pervierte la verdad de Dios y la convierte en mentiras, con la esperanza de engañarnos. Jesús es la verdad (Juan 14:6) y la Palabra de Dios es verdad (Juan 17:17). El diablo es mentiroso y padre de mentira (Juan 8:44). Dios es bueno, y el diablo es el maligno. El diablo quiere que creamos que nuestro pasado nos define, pero el apóstol Pablo escribe que en Cristo «las cosas viejas pasaron» y «todas son hechas nuevas» (2 Corintios 5:17). El diablo nos dice que estamos solos y que somos los únicos que sufrimos o que nadie más tiene tantos problemas como nosotros. Dios promete estar siempre con nosotros (Mateo 28:20). Su Palabra dice que los creyentes de todo el mundo pasan por el mismo tipo de sufrimientos que nosotros enfrentamos (1 Pedro 5:9). Satanás nos dice que debemos tener algo nuevo y grande para ser felices, pero Pablo escribe que aprendió a contentarse en cualquier situación en la que se encontrara (Filipenses 4:11). El diablo nos dice que es demasiado difícil perdonar, pero Dios nos dice que perdonemos y bendigamos a nuestros enemigos, así como Él nos perdona (Efesios 4:32).

> Recibes todo lo que Dios quiere que tengas a través de la fe.

El diablo nos dice que debemos ser perfectos y que ser cristiano significa que nunca debemos volver a pecar. Sin embargo, Dios busca a quienes tienen un corazón perfecto hacia Él (2 Crónicas 16:9), aunque sabe que nuestro comportamiento no es perfecto. Las mentiras de Satanás son tantas que no tendría suficiente espacio en este libro para enumerarlas todas. Pero, si leemos y estudiamos la Palabra de Dios con diligencia, conoceremos la verdad y ella nos protegerá de las mentiras del enemigo.

Cuando Satanás diga: «¿Y si fracasas?», Dios susurrará en tu corazón: «¿Y si triunfas?». Cuando Satanás diga: «¿Y si terminas sin nada?», Dios dirá: «¿Y si terminas con más de lo que jamás soñaste posible?». No te limites a oír pasivamente las mentiras del diablo; resístete a ellas y aférrate a la verdad de la Palabra de Dios. Si no lo haces, nunca experimentarás el cumplimiento de tu destino, porque el diablo no solo es un mentiroso, sino también un ladrón (Juan 10:10). No dejes que te robe aquello por lo que Jesús entregó su vida para que tú lo tuvieras.

> Resiste las mentiras del diablo y confía en la verdad de la Palabra de Dios.

NO CREAS EN TUS SENTIMIENTOS

Las emociones (sentimientos) son bastante volubles. Cambian con frecuencia y sin previo aviso. Las emociones son algunos de los enemigos más peligrosos del creyente, y muchas personas son engañadas por ellas. Podemos sentirnos de una manera un día y de otra al siguiente. Las emociones suben y bajan, así que aconsejo a la gente que deje que las emociones intensas se calmen antes de decidir qué hacer.

Si tienes integridad, haces lo que dices que harás.

A veces asumimos compromisos cuando nos sentimos especialmente bien en lo emocional; pero, cuando las emociones decaen, ya no nos apetece cumplirlos. Eso no significa que no seamos responsables de cumplirlos. Las personas íntegras harán lo que dijeron que harían, aunque no les resulte especialmente agradable o fácil. Según el Salmo 15:4, no debemos retractarnos, aunque hayamos jurado en perjuicio propio. Esto significa que debemos hacer lo que nos comprometimos a hacer, aunque nos duela.

Aprendí esta lección de una manera que ahora me parece graciosa, pero que no lo fue cuando sucedió. Dave y yo estábamos en Florida, ministrando en una iglesia. Allí, nos hicimos amigos de una pareja que trabajaba en la iglesia. Un día, sin pensarlo en absoluto (y ese fue mi primer error), propuse: «Deberían venir a Saint Louis, donde vivimos, y visitarnos». Continué diciendo que podríamos llevarlos a ver lugares de interés como el Arco, el zoológico de Saint Louis y otros lugares conocidos. Me fui a casa y me olvidé por completo de la conversación porque nunca se me ocurrió que quisieran visitarnos.

Un día, el hombre nos llamó y nos dijo: «Estamos listos para ir», a lo que yo respondí: «¿Ir adónde?». Él me contestó: «A tu ciudad, de visita, como nos has invitado». Bueno, yo estaba realmente ocupada en ese momento y lo último que quería era tener invitados en la ciudad. Pensé en cómo podría librarme del compromiso, pero sabía, en mi corazón, que Dios quería que cumpliera mi palabra.

La pareja vino a Saint Louis por casi una semana y pagamos para que se quedaran en un buen hotel, siguiendo las instrucciones de Dios. Como Dave seguía trabajando en el campo de la ingeniería, me pasé los días llevándolos de turismo, y las noches las pasamos comiendo fuera con ellos y hablando. Aprendí una buena lección de esa experiencia: no hablar, a menos que piense primero lo que voy a decir, especialmente si se trata de invitar a la gente a hacer cosas que me llevarían tiempo.

Mis sentimientos me metieron en problemas, y pagué un precio por seguirlos. Del mismo modo, la gente compra cosas por impulso y luego, cuando llega el estado de la tarjeta de crédito, se arrepiente. Decimos palabras que causan problemas en las relaciones y luego nos arrepentimos de haberlas dicho, pero ya no hay forma de retractarse.

Debemos tener cuidado con las decisiones que tomamos cuando nuestras emociones están a flor de piel. Podemos decir que sí a algo en un momento de emoción y, más tarde, arrepentirnos, o podemos decir que no a algo si nos sentimos desanimados, deprimidos o incluso muy cansados y, más tarde, desear haber dicho que sí.

Cuando las emociones nos dominan, Satanás se valdrá de ellas para engañarnos y hacernos creer que realmente queremos hacer algo que no querremos hacer cuando se calmen los sentimientos. Tal vez nos preguntamos con demasiada frecuencia cómo nos sentimos acerca de las cosas. Esto, a menudo, nos mete en problemas que podríamos evitar si simplemente permitiéramos que nuestras emociones se calmaran antes de tomar decisiones.

Satanás usará las emociones intensas para engañarte.

Una de las grandes lecciones que aprendí en la vida, y que me ha sido de mucha ayuda, es que no tengo que *sentirme* bien para hacer lo correcto. Debo hacer lo correcto a pesar de mis emociones. Cuando alguien me hiere o me trata injustamente, rara vez tengo ganas de perdonarlo, pero puedo hacerlo porque es lo correcto, según la Palabra de Dios (Mateo 18:21-35). Si queremos hacer lo correcto,

Dios siempre nos dará la capacidad de hacerlo. Apóyate en Él y pídele ayuda cuando te sientas tentado de hacer lo incorrecto. Pídele que te ayude a hacer lo que es justo y piadoso. Nada bueno sucede por accidente. Es necesario decidir hacer lo que es correcto, sin importar cómo nos sintamos, lo que pensemos o queramos. Que nuestra oración sea siempre: «Que se haga la voluntad de Dios y no la mía».

Perdonar a las personas que nos lastiman puede ser sumamente difícil, pero Dios nos ha ordenado en su Palabra que perdonemos; por lo tanto, podemos hacerlo con su ayuda. Si hacemos lo que Dios nos pide, podemos confiar en que Él siempre hará justicia en nuestras vidas y situaciones.

¿Puedes pensar en ocasiones en las que seguir tus sentimientos te haya metido en problemas? Si es así, es importante aprender de esos momentos y no cometer los mismos errores en el futuro.

EL SENTIMIENTO DEL MIEDO

El miedo es, probablemente, la mayor emoción que impide a las personas dar los pasos de fe necesarios para cumplir su destino. Podemos sentir miedo y, aun así, no *temer*. He aprendido que, incluso cuando siento miedo, puedo «hacerlo con miedo», sin importar lo que tengo que hacer. No tenemos que *sentirnos* audaces, valientes o seguros para *serlo*. Hacer lo correcto, aunque no tengamos ganas, es un signo de madurez espiritual. Las personas que viven de acuerdo con sus sentimientos son espiritualmente inmaduras y, de seguro, van en la dirección equivocada.

No tienes que sentirte valiente para serlo.

En Josué 1, Dios le dijo a Josué que él era la persona elegida para terminar el trabajo que le había encomendado a Moisés: guiar a los israelitas a la tierra prometida (v. 2). También le dijo que no tuviera miedo, porque estaría con él (v. 5). Temer significa, básicamente, huir. Creo que Dios le estaba diciendo a Josué que el miedo lo atacaría, pero que no huyera, sino que fuera fuerte (confiado) y valiente, y que Él (Dios) haría que el pueblo heredara la tierra que había jurado darles (v. 6). Dios repitió sus instrucciones en el versículo 9, diciendo: «Mira que te mando que te esfuerces y seas valiente; no temas ni desmayes, porque Jehová tu Dios estará contigo dondequiera que vayas».

Josué había descubierto la voluntad de Dios para su vida, pero tuvo que afrontar el miedo para llevar a cabo la tarea que Dios le había encomendado. Lo mismo sucederá con cada uno de nosotros. Cuando sepas lo que Dios quiere que hagas, Satanás tratará de detenerte y usará el miedo para lograr su objetivo.

Cuando supe que Dios quería que enseñara su Palabra, necesité tiempo para estudiar, porque no conocía las Escrituras y, por lo tanto, no estaba cualificada para enseñarlas. Tenía tres adolescentes y un trabajo a tiempo completo, así que no me quedaba tiempo para estudiar. Sentí que Dios me estaba guiando a renunciar a mi trabajo, pero sabía que, si le obedecía, nos faltarían cuarenta dólares para nuestras cuentas regulares cada mes y no tendríamos nada para los gastos extras que surgieran.

Al final, renuncié a mi trabajo, pero recuerdo que caminaba por el pasillo de mi casa durante esa época de mi vida y tenía tanto miedo que temblaba físicamente y sentía que mis rodillas iban a ceder. Dios susurró en mi corazón que bien podía confiar en que Él haría milagros cada mes, o bien podía preocuparme y estar llena de ansiedad todo el tiempo. En ese momento, decidí que sería mejor confiar en los milagros de Dios. Así, durante seis años, vimos cómo Dios proveía los cuarenta dólares que necesitábamos cada mes, además de otras cosas que también nos faltaban. Fueron años muy duros, pero preciosos. Adquirimos una experiencia con Dios que ha sido inestimable para nosotros en los años transcurridos desde entonces. Empecé el viaje con miedo, pero sin dejar que me detuviera. Aprendí que Dios es fiel.

No hay nada mejor que la experiencia personal con Dios. Puedo decirte que Dios es fiel y que no tienes que preocuparte. Sin embargo, hasta que no te adentres en lo desconocido según Él te guíe y te enfrentes al miedo que intenta detenerte, nunca tendrás la seguridad que necesitas para encontrar, hacer y cumplir la voluntad de Dios para tu vida.

7

¿Puedes realmente oír a Dios?

Mis ovejas oyen mi voz, y yo las conozco, y me siguen.
Juan 10:27

Dios es un Dios que habla. A lo largo de la Biblia, encontramos registros de Dios hablándole a su pueblo de diversas maneras. Desde Génesis hasta Apocalipsis, dependiendo de la traducción, podemos leer muchas frases como «Jehová dijo», «Habló Dios», «Vino palabra de Jehová» y frases similares que indican que Dios habló. Por ejemplo, les habló a Adán y Eva, a Moisés, a Abraham, a David, a Isaías y a Ezequiel. También le habló al apóstol Pablo durante su experiencia de conversión en el camino a Damasco.

Dios se comunicaba con su pueblo de una forma diferente durante los tiempos del Antiguo Testamento (antes del nacimiento de Cristo) que en los tiempos del Nuevo Testamento (después del nacimiento de Cristo), en los que vivimos hoy. El pueblo de Dios que vivió durante los tiempos del Antiguo Testamento no tenía acceso a toda la Palabra de Dios, como lo tenemos tú y yo.

Debido a que Jesús no había nacido en ese tiempo, el Nuevo Testamento no existía. Mucha gente, aunque no todos, dependiendo de la época, tenían una parte o todo de lo que llamamos el Antiguo Testamento: treinta y nueve libros divididos en el Pentateuco (Génesis, Éxodo, Levítico, Números y Deuteronomio; también denominada Torá), los libros históricos (Josué, Jueces, Rut, 1-2 Samuel, 1-2 Reyes, 1-2 Crónicas, Esdras, Nehemías y Ester), los libros poéticos (Job, Salmos, Proverbios, Eclesiastés y Cantar de los Cantares) y los libros proféticos (Isaías, Jeremías, Lamentaciones, Ezequiel, Daniel, Oseas, Joel, Amós, Abdías, Jonás, Miqueas, Nahum, Habacuc, Sofonías, Hageo, Zacarías y Malaquías).

Durante el Antiguo Testamento, el Espíritu Santo se manifestaba a la gente en ocasiones especiales, pero no moraba en ellos como vive en nosotros hoy en día. En cambio, se comunicaba con ellos de forma audible, en sueños y visiones, y a través de los profetas. En una ocasión, Dios incluso le habló a un hombre llamado Balaam a través de un asno (Números 22:21-39). Le habló a Moisés desde una zarza ardiente (Éxodo 3:1-14) y a los israelitas a través de una nube que los guiaba durante el día y de una columna de fuego que los alumbraba por la noche (Éxodo 13:21-22).

Podríamos pensar: ¡Sería maravilloso que Dios se manifestara de formas tan visibles! Pero la forma en que nos habla hoy es mucho mejor, porque el Espíritu Santo vive en los creyentes y nos guía continuamente.

Hoy en día, Dios nos habla, principalmente, a través de su Palabra y también nos habla a través del Espíritu Santo. Además, puede guiarnos o enviarnos mensajes mediante la naturaleza, consejeros de confianza, circunstancias, experiencias del pasado, sueños, visiones, profecías o un suave susurro que yo llamo un «sentir» en nuestro espíritu sobre lo que debemos hacer. Él habla a través de la sabiduría, el discernimiento, la paz o la falta de ella, y de otras maneras. Incluso puede hablar, ocasionalmente, con una voz audible, aunque esto es inusual. Una buena pauta que siempre debemos tener en cuenta es que lo que sea que sentimos o creemos que Dios nos ha hablado debe estar de acuerdo con su Palabra.

Todo lo que pienses que Dios te está diciendo debe alinearse con su Palabra.

Antes de que alguien pueda escuchar a Dios, debe creer que Dios habla y que puede escucharlo. Dios quiere tener una relación con su pueblo y una buena relación nunca es un monólogo, sino un diálogo entre dos personas. Fui a la iglesia con regularidad durante muchos años y no sabía que podía oír a Dios ni que hacerlo era vital para mí. Desde entonces, he aprendido que Dios me hablaba de diversas maneras, como lo hace con todos sus hijos, pero yo no sabía reconocer su voz. Ni siquiera estaba abierta a escuchar a Dios porque nunca me habían enseñado que Él pudiera hablarle a una persona corriente como yo. Tal vez te encuentres en la misma situación.

Si queremos escuchar a Dios, necesitamos que realmente nos interese lo que Él tiene que decirnos y estar preparados para obedecer las instrucciones que nos dé. También debemos escuchar con regularidad. Como ya he dicho, su voz no suele ser como un trueno, sino más bien como un susurro.

Muchas veces, la voz de Dios no es como un trueno, sino más bien como un susurro.

La mayoría de nosotros tememos cometer errores al tratar de escuchar a Dios y seguir su guía, y, sin duda, los cometeremos. Equivocarse forma parte de aprender a escuchar la voz de Dios. Dios conoce tu corazón. Si sinceramente quieres escucharlo y cometes un error, Él lo usará para enseñarte y ayudarte a tomar el camino correcto. No podemos aprender a hacer nada si lo abordamos con miedo, así que te insto firmemente a que no tengas miedo de cometer errores cuando intentes escuchar la voz de Dios. Y si, por ejemplo, actúas basándote en lo que crees haber oído y luego descubres que estabas equivocado, no dejes que eso te impida seguir aprendiendo en esta importante área de crecimiento en tu relación con Dios. Si pierdes la dirección de Dios, Él siempre te encontrará y te conducirá de nuevo al camino correcto. No intentes forzar a Dios para que te hable. Solo ten la seguridad de que, si necesitas escuchar algo y se lo pides, Él se dará a conocer. Y, si estás escuchando de verdad, no te apartarás de sus caminos.

Si pierdes el rumbo, Dios te ayudará a retomarlo.

DETERMINA TU CAMINO EN LA VIDA

Antes de seguir escribiendo sobre cómo Dios nos habla, quiero dejar especialmente claro que Dios no siempre nos dice todo lo que tenemos que hacer. Dallas Willard, en su libro *Escuchar a Dios*, escribe lo siguiente: «En general, la voluntad de Dios es que seamos nosotros mismos quienes determinemos, en gran medida, nuestro camino en la vida».[5]

Dios quiere que vivamos una vida de iniciativa y que maduremos espiritualmente, así como los padres quieren que sus hijos maduren. Esto no puede suceder si alguien nos está diciendo qué debemos hacer todo el tiempo. Las decisiones que tomamos revelan el tipo de persona que somos, y, si hemos aprendido la Palabra de Dios, ya sabemos mucho sobre su voluntad y podemos tomar decisiones basadas en ella. Y, porque su Espíritu mora en nosotros, en general, sabemos cuál es su voluntad en la mayoría de las situaciones sin necesidad de tener una palabra específica. Sin embargo, para los momentos en que sí necesitamos una dirección específica de Dios, puedo compartir algunas lecciones que he aprendido sobre cómo escucharlo a través de su Palabra y lo que he descubierto gracias a mi experiencia con Él.

Gran parte de mis vivencias con respecto a escuchar a Dios está en lo que yo llamaría comunión diaria o tiempo compartido con Él. Hablo con Él a lo largo del día de diversas maneras, y Él me habla. No lo hace con una voz audible, sino a través de mis pensamientos, de las Escrituras, de una revista, de mis amigos, de una valla publicitaria en la autopista y de otras cosas sencillas que no se considerarían «superespirituales». Sin embargo, sé que es Dios quien me está hablando.

Cuando Dios nos habla, su mensaje siempre tiene algo especial que va más allá de la forma normal o habitual en que oímos de esas fuentes. Sentimos una sensación de certeza o de confirmación en nuestro corazón de que Dios está hablando. Para creer que es Dios quien nos habla es necesaria la fe. Pero, si no caminamos con fe, nuestra otra opción es el miedo, y eso no es bueno.

DIOS HABLA A TRAVÉS DE LA NATURALEZA

Para mí, sería muy difícil mirar sinceramente a la naturaleza —los animales, las galaxias, las estrellas, la luna, el sol y otras creaciones— y no sentir que Dios es asombroso. Me parecería imposible pensar en la precisión con que la tierra gira sobre su eje y considerar todos los bosques, ríos y océanos llenos de vida sin decir: «Tiene que haber un Dios». El mero hecho de estar en la naturaleza puede hacernos sentir cerca de Él. Toda la creación gime que Dios es real y activo. Se llama a sí mismo «YO SOY» (Éxodo 3:14) y, realmente, está siempre dondequiera que nos encontremos.

Me encanta ver programas de televisión sobre animales. No dejan de asombrarme los instintos que Dios les ha dado y cómo ha creado a cada uno para protegerse. Sus rituales de apareamiento son entretenidos, especialmente la danza de un pájaro macho que intenta atraer a una hembra. Una manada de leones, una familia de elefantes, una tribu de monos, las graciosas suricatas y otros animales me aseguran que Dios tiene el control. Algunos tienen un aspecto tan ridículo que creo que Dios los creó simplemente para hacernos reír. El león marino que se arrastra por la playa, la jirafa con su cuello de dos metros, el ornitorrinco y el perezoso son buenos ejemplos.

Reflexiona sobre estos pasajes de las Escrituras:

> Porque lo que de Dios se conoce les es manifiesto, pues Dios se lo manifestó. Porque las cosas invisibles de Él, su eterno poder y deidad, se hacen claramente visibles desde la creación del mundo, siendo entendidas por medio de las cosas hechas, de modo que no tienen excusa.
> (Romanos 1:19-20)

> Los cielos cuentan la gloria de Dios,
> y el firmamento anuncia la obra de sus manos.
> Un día emite palabra a otro día,
> y una noche a otra noche declara sabiduría.
> No hay lenguaje, ni palabras,
> ni es oída su voz.
> Por toda la tierra salió su voz,
> y hasta el extremo del mundo sus palabras.
> En ellos puso tabernáculo para el sol.
> (Salmos 19:1-4)

DIOS HABLA A TRAVÉS DE LA SABIDURÍA Y DEL SENTIDO COMÚN

En muchas ocasiones, tener en cuenta la sabiduría y el sentido común puede ayudarnos a discernir si Dios nos está hablando. Por ejemplo, si estás orando para saber si comprar una casa más grande, sería sabio considerar si puedes permitírtelo sin que eso te suponga una presión financiera. Cuando le preguntes a Dios si debes decir que sí a un compromiso, pregúntate si añadirle algo más a tu agenda te someterá a un estrés excesivo o te quitará tiempo valioso que necesitas para estar con tu familia o para descansar.

> No esperes que Dios te diga cada cosa que tienes que hacer.

La sabiduría es lo que yo llamo «sentido común santificado». Como creyentes, somos instruidos a renovar nuestra mente (Romanos 12:2), no a perder la razón y esperar a que Dios nos diga cada cosa que tenemos que hacer. Tómate el tiempo para reflexionar con Dios y hablar con Él antes de tomar una decisión importante, y encontrarás la sabiduría susurrando en tu corazón. Cuando tengas que tomar una decisión importante, tómate tu tiempo y comprueba si una semana después sigues teniendo el mismo criterio. Rara vez tendrás que tomar una decisión sin tener tiempo para escuchar a Dios. Asegúrate de tener paz sobre lo que debes hacer.

DE TU PROPIA BOCA

Proverbios 16:1 afirma lo siguiente: «Del hombre son las disposiciones del corazón; mas de Jehová es la respuesta de la lengua». A menudo, obtengo las respuestas o la dirección que necesito mientras analizo una situación con otra persona. En medio de la conversación, digo algo e, inmediatamente, sé qué debo hacer. Me preguntarás: «Joyce, ¿cómo lo sabes?». Siento paz al respecto, me siento cómoda, encaja en mi espíritu como una pieza de rompecabezas que he estado buscando. O, como dije antes, tiene ese algo especial que me hace saber que no es ordinario, sino divino.

Dios suele hablar a través de una voz familiar. Piénsalo de esta manera: cuando tu espíritu te habla, suena como tú. Por supuesto, podemos decirnos a nosotros mismos lo que queremos oír, así que ten discernimiento y asegúrate de tener paz en tu decisión.

Cuando Dios llamó a Samuel, este pensó que Elí lo estaba llamando porque la voz que escuchó le sonaba familiar (1 Samuel 3:1-9). Las personas que me escuchan enseñar me han dicho, en muchas ocasiones, cosas como esta: «Empecé a hacer tal o cual cosa, y oí tu voz diciéndome que no sería prudente hacerlo». En estas situaciones, Dios usó una voz que les resultaba familiar para hablarles.

SUEÑOS, VISIONES Y PROFECÍAS

Dios les habla a algunas personas más que a otras a través de sueños, visiones y profecías, y estas son áreas que requieren mucha precaución. Si todos mis sueños fueran espirituales, a veces me preguntaría si estoy escuchando a Dios. En 45 años de ministerio, solo he tenido unas pocas visiones relacionadas con el ministerio y solo algunos sueños en los que supe que Dios me hablaba. Pero, como he dicho, Dios habla a algunas personas de esta manera más que a otras.

No estoy descartando estas formas en las que Dios habla, pero todas ellas implican áreas en las que puede resultar fácil ser engañado, así que sugiero ser precavidos.

Si alguien comparte algo contigo que cree que viene de Dios, asegúrate de que, en tu espíritu, estás de acuerdo con que lo que está diciendo es correcto. Por ejemplo, si alguien te profetiza que debes ir a África para ser misionero, no lo hagas, a menos que sepas que eso es lo que debes hacer. Tal vez Dios ya te lo haya estado diciendo, y la profecía es una confirmación.

No vivas conforme a lo que otros te digan que hagas.

No debemos vivir conforme a lo que otras personas nos dicen que hagamos. Si alguien te profetiza algo que no entiendes, apártalo en tu mente. Puede que llegue el momento en que Dios lo baje y lo use en tu vida.

DIOS HABLA A TRAVÉS DE TUS DESEOS

Dios no habla a través de los deseos de nuestra carne, pero sí lo hace a través de los deseos del corazón. Por ejemplo, yo puedo desear darle a alguien algo que tengo o un poco de dinero, y puede que ese deseo regrese más de una vez. He aprendido a creer que, en una situación así, Dios me está llamando a actuar.

Tal vez te encuentres pensando en una persona determinada durante varios días. Esto puede ser un impulso de Dios para orar por esa persona o, simplemente, para llamarla y saludarla. Puede que esa persona necesite hablar contigo, pero que no sea ella quien te lo pida. O puede que solo necesite el ánimo que le daría tu llamada.

Cuando nos deleitamos en el Señor, Él nos concede los deseos de nuestro corazón (Salmos 37:4).

DIOS HABLA A TRAVÉS DE TUS DONES Y HABILIDADES NATURALES

¿Qué quiere Dios que hagas con tu vida? Cuando busques la voluntad de Dios, especialmente para tu carrera profesional, piensa en lo que se te da bien y en lo que disfrutas hacer. Miles de jóvenes se gradúan cada año de la escuela secundaria o de la universidad y se sienten confundidos sobre qué hacer con su vida. Muchas personas les dan consejos, pero ellos tienen que tomar sus propias decisiones.

Tal vez haya gente que ha estudiado en un determinado campo y no puede encontrar trabajo en esa área. Recomiendo estar abiertos a las puertas que Dios abre. Aunque ciertas oportunidades no parezcan ser lo que la gente quiere, una puerta abierta puede llevar a otra que es exactamente aquello que desean. Lo importante para todos nosotros es seguir nuestro corazón y no tener miedo de dar un paso de fe.

Cuando hagas lo que fuiste creado para hacer, te sentirás realizado.

Como he mencionado antes, no creo que Dios nos pida que hagamos algo que nos cuesta hacer bien o algo que nos disgusta desde hace mucho tiempo. Cuando hacemos aquello que fuimos llamados a hacer, nos sentimos realizados, no desgraciados. El hecho de que *puedas* hacer algo no significa que *debas* hacerlo. Podrías ser oficinista y hacer un buen trabajo, pero eso no significa que sea lo que deberías hacer. Muchas personas eligen su carrera en función de la cantidad de dinero que pueden ganar, y eso también puede ser un error. Por mucho dinero que ganes, si te sientes infeliz, no merece la pena.

También es bueno recordar que, quizás, no queramos hacer lo mismo toda la vida. Yo hice muchas cosas antes de ser maestra de la Biblia. Fui camarera, contable, gerente de crédito, oficinista y niñera (un gran error). Vendí conos de helado y trabajé como empleada en lo que se conocía como una tienda de diez centavos, similar a lo que hoy se conoce como una tienda de un dólar. Ninguno de esos trabajos me apasionaba, pero todos me enseñaron lecciones que me han ayudado a dirigir los Ministerios Joyce Meyer.

DIOS HABLA A TRAVÉS DE LAS CIRCUNSTANCIAS

Dios puede abrir y cerrar puertas de oportunidades en nuestra vida. Si Él cierra una, no tiene sentido intentar abrirla por la fuerza, ya que solo te frustrará e incluso puede crear graves tensiones en tu vida. Creo firmemente que Dios provee para aquello que ordena y puedo testificar que, a lo largo de nuestro ministerio, Él ha provisto de las finanzas y de las personas que hemos necesitado. Para mí, su provisión ha sido milagrosa durante más de 45 años. Cuando hemos intentado hacer algo que no era la voluntad de Dios o para lo que no era el momento adecuado, simplemente no ha funcionado. Y, después de un tiempo de intentar presionar contra los obstáculos, nos dimos cuenta de que teníamos que dar un paso atrás y esperar el tiempo perfecto de Dios.

O, tal vez, alguien ha sido ama de casa durante varios años y quiere volver a trabajar, pero sus hijos no son lo suficientemente mayores como para quedarse solos. Si tiene dudas sobre lo que debe hacer y no puede encontrar un trabajo o una guardería adecuada, es probable que sus circunstancias le estén mostrando la voluntad de Dios.

Dios usa las circunstancias para ayudarte a encontrar su voluntad.

Dios no nos habla a través de cada circunstancia de la vida, pero sí las usa para ayudarnos a encontrar su voluntad. Al observar de cerca tus circunstancias, a veces puedes encontrar el camino a seguir.

EL SILBO APACIBLE

Dios le habló a Elías a través de un silbo apacible y delicado (1 Reyes 19:11-13). Voy a repetirlo: Dios no suele gritar, susurra. Y, si no estás atento, puedes perderte lo que te está diciendo. Escuchar significa oír y estar atento. Cuando escucho hablar a Dios, tengo lo que yo llamo un «sentir». Simplemente, sé en mi espíritu lo que debo o no debo hacer. Esta puede ser la forma más frecuente en que Dios nos habla. Dave y yo estamos tratando de decidir sobre una situación en particular en este momento y no tenemos un conocimiento definitivo sobre lo que debemos hacer, por lo que estamos tanteando el terreno, por así decirlo. Hemos dado un paso y estamos esperando a ver si esa puerta se abre. Si no se abre, sabremos que debemos esperar. Si se abre, daremos otro paso y no tardaremos en tener la respuesta.

A veces, empiezo a hacer algo y siento que el Espíritu Santo lo frena. Recientemente, redacté un correo electrónico largo y alentador para un ministro. Lo tenía en mi corazón y asumí que debía animarlo. Sin embargo, cada vez que iba a enviarlo, simplemente no podía hacerlo. Sentí que el Espíritu Santo me susurraba *espera*. No tenía idea de por qué debía esperar; pero, al final, el sentimiento fue tan fuerte que borré todo el mensaje. Menos mal que lo borré porque, poco después, salió a la luz que él consumía drogas, bebía en exceso y tenía un comportamiento impropio con las mujeres de su iglesia. Lo tenía en mi corazón, pero no por la razón que yo pensaba. Ahora estoy segura de que Dios quería que orara por ese hombre, en lugar de escribirle una carta.

Escucha siempre los susurros del Espíritu Santo. Te ahorrarás muchos problemas y te mantendrás en el camino correcto a medida que avanzas por la vida.

DIOS HABLA A TRAVÉS DE LA PAZ

La Biblia nos enseña a seguir la paz (Hebreos 12:14). Me refiero a esta paz como «el testimonio interior». Pablo escribe que el Espíritu Santo da testimonio a nuestro espíritu (Romanos 8:16; 9:1). Nuestra conciencia es parte de nuestro espíritu, y aprobará o desaprobará nuestras acciones.

Esta escritura es mi favorita cuando se trata de lo que Dios tiene que decir acerca de seguir la paz:

> Y la paz de Dios gobierne en vuestros corazones, a la que asimismo fuisteis llamados en un solo cuerpo; y sed agradecidos.
>
> (Colosenses 3:15)

En un partido de béisbol, el árbitro tiene la última palabra sobre si un jugador está a salvo o fuera. Del mismo modo, debemos dejar que la paz dirija nuestras vidas.

Dios habla de pequeñas maneras, así que no esperes siempre cosas espectaculares. Puede que estas sucedan de vez en cuando, pero escuchar a Dios se convertirá en un hábito en tu vida si no esperas siempre manifestaciones ruidosas y notables de Él. Si realmente quieres escucharlo, Él tiene maneras de asegurarse de que lo escuches, así que confía en Él.

No esperes siempre cosas espectaculares.

Una vez más, lo más importante que quisiera transmitirte sobre este tema es animarte a que no tengas miedo de cometer errores. De hecho, los cometerás, pero aprender de ellos puede ser valioso. Ten fe en que puedes escuchar a Dios, y tu fe le abrirá la puerta para que Él hable.

8

La duda y la indecisión

El temor y la duda siempre han sido los peores enemigos del potencial del hombre.
BRIAN TRACY[6]

En este capítulo, quisiera que abordemos dos tipos de duda: dudar de Dios y dudar de uno mismo. Considero la duda un miedo que aún no se ha desarrollado por completo. Y, como ya hemos establecido, el miedo es el arma principal que Satanás utiliza para impedirnos vivir el destino que Dios ha establecido para nuestras vidas. Dios quiere que seamos valientes y seguros, no que tengamos miedo; y quiere que creamos, no que dudemos. Creer en sus promesas es la única manera de entrar en su asombroso descanso (Hebreos 4:3). Cuando estamos llenos de dudas, también estamos llenos de incertidumbre, confusión e indecisión.

La indecisión es lamentable.

Creo que la indecisión es lamentable. Soy una persona muy decidida y me considero afortunada por ser así. Sin embargo, conozco a algunas personas que son muy indecisas y que nunca consiguen grandes logros. Toda acción comienza con una decisión, así que, después de tomar una decisión sobre algo, debemos llevarla a cabo. A algunas personas les cuesta tomar decisiones, y a otras se les dificulta llevarlas a cabo, incluso después de haberlas tomado. Lo dejan para más tarde, y el aplazamiento es engañoso porque dicen: «Voy a hacerlo». Sin embargo, al final, nunca lo hacen. Las buenas intenciones no son actos de obediencia.

Las buenas intenciones no son actos de obediencia.

A Theodore Roosevelt se le atribuye la frase: «En cualquier momento de decisión, lo mejor que puedes hacer es lo correcto, lo segundo mejor es lo incorrecto, y lo peor que puedes hacer es nada».[7] ¿Por qué sería mejor hacer lo incorrecto antes que no hacer nada? Porque, al menos, si hacemos lo incorrecto, aprendemos a no volver a hacerlo. Elimina, por lo menos, una opción de entre todas las que tenemos. Tomar decisiones es sumamente importante, y no podemos hacerlo si estamos llenos de dudas.

En el *Diccionario expositivo de palabras del Antiguo y Nuevo Testamento exhaustivo de Vine*, la *duda* se define como «estar sin camino [...], estar sin recursos, en apuros, perplejo, en duda, sin saber qué hacer».[8] La *duda* también implica incertidumbre, cuestionamiento, vacilación y no saber qué hacer o qué camino tomar. Además, *dudar* puede significar «fluctuar en el aire», «mantenerse en suspenso» o «estar muy perplejo o perdido». La duda nos hace vacilar entre la esperanza y el miedo, y nos mantiene ansiosos y distraídos.

Puesto que Jesús es el camino (Juan 14:6) y Él vive en nosotros por su Espíritu, nunca debemos dudar de qué camino tomar. La fe en Él y en sus promesas quita la desesperación y las dudas paralizantes. Puede que no sepamos lo que Dios hará, pero la fe nos asegura que actuará en el momento oportuno.

Dudar de la fidelidad de Dios es fruto de la inexperiencia. A medida que pasa el tiempo y tenemos una relación más estrecha con Dios, aprendemos que Él es fiel y que siempre cumple sus promesas, incluso en el último momento.

Abraham tenía todas las razones naturales para dudar de la promesa de Dios de que él y su esposa Sara tendrían un hijo biológico. Cuando Dios les prometió que tendrían un hijo, ambos ya habían superado la edad fértil (Génesis 18:10-11). Convertirse en padres era imposible según las leyes de la naturaleza. Pero me encanta lo que la Escritura dice sobre Abraham en esta situación: «Tampoco dudó, por incredulidad, de la promesa de Dios, sino que se fortaleció en fe, dando gloria a Dios» (Romanos 4:20).

LA DUDA EN UNO MISMO

Muchos creen que Dios es fiel y que siempre cumple sus promesas, pero dudan de que Él las cumplirá en sus vidas. Esto se debe a que no conocen su valor en Cristo ni tienen una revelación de cuánto las ama Dios.

> Nunca dudes de que Dios lo hará por ti.

Cuando las personas no pueden tomar decisiones es porque no saben que fueron llenas de la sabiduría de Dios desde el momento en que recibieron a Cristo como su Salvador (1 Corintios 1:30-31). La sabiduría está en nosotros, pero debemos aprender a discernirla y utilizarla. La única manera de lograrlo es actuando y descubriendo lo que funciona y lo que no. La duda en uno mismo es el miedo a tomar una decisión equivocada.

Las lecciones espirituales se aprenden del mismo modo que las naturales. Los niños aprenden a no correr con los cordones desatados porque, si lo hacen, se les enredarán los pies y se caerán. A menudo, deben cometer errores y afrontar las consecuencias para aprender qué hay que hacer. Puede que mamá les haya dicho que no corran con los cordones desatados, pero ellos (y nosotros) no siempre escuchan los consejos. Nos resistimos a seguir un consejo por dos razones: la voluntad propia y el orgullo.

Por lo general, necesitamos aprender por experiencia propia, comprobar las cosas por nosotros mismos. A veces, desgraciadamente, solo aprendemos por las malas. Tomar decisiones es un acto en el que la confianza es muy importante, así que confía en que tienes la sabiduría para tomar las decisiones correctas. Con una actitud de oración, piensa en lo que debes hacer y luego haz lo que sientas que Dios te está guiando a hacer. La mayoría de las veces las cosas saldrán bien; pero, en ocasiones, no será así. En ese caso, simplemente aprende de ello y vuelve a empezar. No podemos encontrar un texto que diga que nunca cometeremos errores o que Dios espera que nunca nos equivoquemos. El hecho de que cometemos errores es la razón por la que Jesús vino a salvarnos.

> Cree que tienes la sabiduría para tomar las decisiones correctas.

Todos queremos que nos comprendan, y Jesús sabe cómo hacerlo. Este pasaje de la Escritura me ha animado muchas veces:

> Porque no tenemos un sumo sacerdote que no pueda compadecerse de nuestras debilidades, sino uno que fue tentado en todo según nuestra semejanza, pero sin pecado. Acerquémonos, pues, confiadamente al trono de

la gracia, para alcanzar misericordia y hallar gracia para el oportuno socorro.

(Hebreos 4:15-16)

Aunque tengamos debilidades, podemos acercarnos a Dios con seguridad y confianza (fe), pedirle ayuda, y Él nos la dará.

Cree que Dios ha puesto cosas buenas en ti.

En lugar de dudar de ti mismo, cree que Dios ha puesto cosas buenas en ti y te ha dado la sabiduría para tomar buenas decisiones. Filemón 6 dice que debemos reconocer todo lo bueno que hay en nosotros en Cristo. No tenemos ningún problema en reconocer nuestras debilidades, pero Dios quiere que reconozcamos las cosas buenas que ha puesto en nosotros gracias a Jesús. Quiere que creamos que Él es más grande que nuestras debilidades y que está trabajando con nosotros para cambiarlas. Cristo vive en nosotros. Él nos da sabiduría, fuerza, creatividad, justicia, paz, alegría y todos los frutos del Espíritu Santo, por nombrar solo algunas cualidades. Y siempre podemos tener esperanza. Pedro escribe que hemos nacido de nuevo para una esperanza viva (1 Pedro 1:3). La esperanza es la expectativa de que Dios va a hacer algo bueno en nuestras vidas y esta siempre está disponible. En realidad, estamos llenos de cosas buenas.

Cuando creas lo que Dios dice de ti en lugar de creer al diablo, tu vida cambiará. La opinión que tienes de ti mismo es un factor clave a la hora de determinar tu éxito o tu fracaso. Si crees que puedes oír a Dios y que tomas buenas decisiones, conforme a tu fe te será hecho (Mateo 8:13).

La opinión que tienes de ti mismo puede determinar tu éxito o tu fracaso.

IGNORA LA VOZ DE LA DUDA

Marcos 5 cuenta la historia de un líder de la sinagoga llamado Jairo, quien acudió a Jesús para pedirle que curara a su hija. Cuando se dirigían a su casa, una mujer de la multitud tocó a Jesús. Ella llevaba doce años sangrando y, como consecuencia, había gastado todos sus ahorros en médicos, pero no mejoraba. Creyó que, con solo tocar el borde del manto de Jesús, se sanaría. Y así sucedió. Mientras Jesús se detenía para hablar con ella, llegó uno de los criados de Jairo y le dijo que no se molestara en venir porque la hija de Jairo había muerto. La Biblia dice que Jesús oyó lo que decían, pero hizo caso omiso. En vez de eso, dijo: «No temas, cree solamente» (v. 36). Siguió hasta la casa de Jairo y anunció: «La niña no está muerta, sino duerme» (v. 39). La tomó de la mano y le ordenó que se levantara, y ella lo hizo (vv. 41-42).

No tenemos que creer todo lo que oímos, especialmente si no concuerda con la Palabra de Dios o con sus promesas. Podemos oírlo, pero podemos hacer caso omiso. ¿Cuánta pena y dolor emocional te ahorrarías si simplemente ignoraras cuando escuchas que alguien ha estado hablando mal de ti? Como mencioné antes, he descubierto que creer lo mejor de todos, como se indica en 1 Corintios 13:7, es un gran beneficio para mí. Cuando alguien me hiere, puedo pensar que lo hizo a propósito o que no se dio cuenta de lo que hacía y que no era su intención hacerme daño. Creer lo mejor me permite conservar la paz y la alegría. Incluso si alguien tuvo la intención de hacerme daño, me quedo tranquila si creo lo mejor, y Dios se ocupará de ellos como Él considere oportuno.

Creer lo mejor te permite mantener la paz.

También ignoro muchas malas noticias que se difunden a diario porque creo que Dios cuidará de su pueblo. No estoy haciendo caso omiso o ignorando la realidad; pero, si me entero de algo que no puedo cambiar, ¿por qué voy a dejar que me robe el gozo? Cuando las plagas cayeron sobre Egipto, Dios escondió a su pueblo en un lugar llamado Gosén, y no tuvieron ningún efecto sobre ellos (Éxodo 8:22). Sé que nuestro mundo actual es un caos terrible. El pecado es rampante, el engaño está en todas partes y las condiciones parecen empeorar cada día. Pero creo que si nosotros, como hijos de Dios, seguimos confiando en Él y sirviéndole, nos mantendrá sanos y salvos. Por lo tanto, no pierdo mi tiempo hablando ni preocupándome por todas las malas noticias que oigo y leo a diario.

EVITAR A LOS ESCÉPTICOS E INCRÉDULOS

Cuando Jesús llegó a la casa de Jairo para sanar a su hija, no permitió que nadie lo acompañara, excepto Pedro, Santiago, Juan, y el padre y la madre de la niña (Lucas 8:51). Él quería estar rodeado de gente de fe, no de escépticos e incrédulos. En otras ocasiones, Jesús tuvo el mismo deseo, como en Mateo 17:1-25, donde leemos el relato de su transfiguración en la montaña. Su rostro resplandeció como el sol y sus vestidos se volvieron blancos como la luz. Moisés y Elías aparecieron y hablaron con Jesús. Una vez más, Pedro, Santiago y Juan fueron a los que Jesús permitió que lo acompañaran. ¿Por qué? Creo que fue por dos razones: quería estar rodeado de gente de fe, no de duda, y los estaba preparando para sus próximos ministerios.

No creo que seamos plenamente conscientes de lo importantes que son las personas con las que nos relacionamos. Debemos amar a todos y nunca hacer que nadie se sienta rechazado, pero también es necesario que nos protejamos eligiendo a personas piadosas con las que relacionarnos regularmente. Las personas que nos rodean tienen un efecto muy importante sobre nuestras vidas.

Sé plenamente consciente de la importancia de las personas con las que te relacionas.

Dave ha tenido un efecto realmente positivo en mí a lo largo de los años. Es tranquilo y relajado. También tiene mucha fe y es muy optimista. Cuando nos casamos en 1967, yo era muy negativa, estaba frustrada, disgustada y preocupada todo el tiempo. Me enfadaba por la más mínima cosa que no salía como yo quería. Ver a Dave manejar las situaciones de una manera tan diferente a la mía me ayudó a darme cuenta de que las formas en las que había aprendido a comportarme durante mi infancia no eran apropiadas. Dave ejemplificaba el comportamiento de Cristo, y llegué a anhelar lo que él tenía. Era la sal y la luz que yo necesitaba, y no solo me hizo desear lo que él tenía, sino que su luz penetró en mis tinieblas y me mostró que había una manera diferente y mejor de vivir.

Pasa tiempo con las personas de tu vida que son una buena influencia para ti, no con las que te arrastran y alimentan tus dudas e indecisiones. Una vez que tomas una decisión que sientes que está inspirada por Dios, no dejes que otros te hagan cambiar de opinión. Las personas siempre querrán opinar, pero eso no significa que tengan razón. Lo que dicen puede que sea correcto para ellos, pero no para ti. Sigue a Dios y sigue la paz, y acabarás exactamente donde Dios quiere que estés.

> Pasa tiempo con personas que sean una buena influencia para ti.

ACÉRCATE A DIOS SIN MIEDO NI DUDAS

Efesios 3:12 dice que, gracias a nuestra fe en Cristo, podemos tener «seguridad y acceso con confianza por medio de la fe en Él».

Dudar de uno mismo es un gran problema para las personas. Creo que dudamos más de nosotros mismos que de Dios. Por ejemplo, cuando Dios le dijo a Jeremías que, antes de formarlo en el vientre materno, lo había apartado y designado como profeta de las naciones (Jeremías 1:4-5), la respuesta de Jeremías fue fundada en la duda hacia sí mismo. Le dio a Dios una lista de sus debilidades, pero no tuvo en cuenta la fuerza de Dios. Exclamó: «¡Ah, mi Señor y Dios! ¡Soy muy joven y no sé hablar!» (Jeremías 1:6 NVI). A lo que Dios respondió: «No digas: "Soy muy joven", porque vas a ir adondequiera que yo te envíe y vas a decir todo lo que yo te ordene» (Jeremías 1:7 NVI). Dios le dijo a Jeremías que no tuviera miedo, porque estaba con él y lo libraría (Jeremías 1:8). También le advirtió: «Pelearán contra ti, pero no podrán vencerte porque yo estoy contigo para librarte» (Jeremías 1:19 NVI).

Jeremías obedeció a Dios y se convirtió en un gran profeta. Podemos tener miedo y, aun así, hacer lo que Dios nos pide, aunque «lo hagamos con miedo», como mencioné antes.

El comportamiento de Moisés fue similar al de Jeremías cuando Dios lo llamó para liberar a los israelitas de la esclavitud en Egipto. Ofreció una excusa tras otra y mencionó sus debilidades e incapacidades en cada una de ellas. Moisés dijo: «¿Y quién soy yo para presentarme ante el faraón y sacar de Egipto a los israelitas?» (Éxodo 3:11 NVI). Dios le aseguró a Moisés que estaría con él (Éxodo 3:12), pero Moisés expresó temor de que no le creyeran ni lo escucharan (Éxodo 4:1). Dios le dio la capacidad de realizar tres señales milagrosas para que los egipcios creyeran (Éxodo 4:2-9), pero Moisés seguía dudando de sí mismo. Su siguiente excusa fue que no era un orador elocuente y que no tenía «facilidad de palabra» (Éxodo 4:10 NVI). Dios le dijo que su hermano Aarón podía hablar por él (Éxodo 4:16). Finalmente, Moisés se quedó sin excusas y no tuvo más remedio que obedecer a Dios y cumplir con la misión que este le había asignado.

Si Dios no estuviera con nosotros y no actuara a nuestro favor, tendríamos sobradas razones para dudar de nosotros mismos, porque separados de Él nada podemos hacer (Juan 15:5). Pero, con Él, todo lo podemos (Filipenses 4:13).

Decide creer que oyes la voz de Dios, que está contigo y que el Espíritu Santo te guía. Shakespeare escribió: «Nuestras dudas son traidoras y nos hacen perder el bien que a menudo podríamos ganar por miedo a intentarlo».[9] La única manera de silenciar la voz de la duda es hacer lo que dice que no puedes hacer.

Cree que oirás a Dios y deja que
el Espíritu Santo te guíe.

9

Nada bueno ocurre por accidente

> El conocimiento no es poder. Tiene el potencial de serlo. Solo se convierte en poder cuando [...] lo aplicas y lo utilizas.
>
> JIM KWIK[10]

Si quieres encontrar la voluntad de Dios para tu vida, debes permanecer activo e intencional, no inactivo y pasivo.

Una persona pasiva quiere que suceda algo bueno y se limita a esperar a ver si ocurre. Las personas activas, en cambio, van tras las cosas buenas. Buscan, examinan, disciernen, oran, investigan y escuchan. Atraviesan las puertas que Dios abre, no tienen miedo de probar cosas y, en última instancia, a través de este proceso, encontrarán exactamente dónde encajan en el plan de Dios siguiendo la guía del Espíritu Santo. Pero permíteme recordarte, de nuevo, que no necesitas frustrarte tratando de encontrar la voluntad de Dios para tu vida porque, si Él sabe que tu corazón está abierto para servirle, te mostrará dónde tienes que estar a su debido tiempo. Ora al respecto, déjalo en las manos de Dios y mantente activo permitiendo que tu luz brille para Cristo mientras esperas.

Has sido creado para ser activo, no pasivo.

Cuando la gente no hace nada, se aburre y, a menudo, se deprime. Hemos sido creados para ser activos, no pasivos. Antes de que Dios me llamara a enseñar su Palabra, yo quería servirle y hacía todo lo que podía para ayudar a la causa de Cristo. Un verano, convoqué a un grupo de mujeres una vez a la semana y distribuimos diez mil folletos del evangelio colocándolos en los parabrisas de los coches. También fui a los servicios de la iglesia y estudié la Palabra de Dios, porque quería aprender.

Cuando Dios busca a alguien para ocupar un puesto, no escoge a quien está sentado sin hacer nada.

No hacer nada también es una elección, una que nos hace cada vez más débiles. Cuanto más tiempo pasa una persona sin hacer nada, más difícil le resulta hacer algo. En Mateo 25:14-30, encontramos la parábola de los talentos (piezas de dinero). En esta parábola, antes de que el señor de una hacienda se fuera de viaje, les entregó talentos a tres hombres según lo que podían manejar. A uno le dio cinco talentos; a otro dos, y a otro solo uno. Dos de los hombres invirtieron sus talentos y ganaron más dinero (vv. 15-17). El tercer hombre, que solo tenía un talento, no hizo nada con el suyo. Simplemente, lo enterró (v. 18). Cuando el amo regresó, recompensó a los dos que fueron activos, pero el hombre que no hizo nada perdió incluso lo que tenía (vv. 20-28). Dios no recompensa la pasividad.

> No pierdas una oportunidad por ser perezoso
> o por negarte a hacer tu parte.

En la parábola de las diez vírgenes (Mateo 25:1-13), cinco de ellas fueron pasivas y perdieron la oportunidad de conocer al novio y asistir a las bodas. Muchas personas pierden oportunidades por pereza y por no querer hacer su parte. Prefieren vivir lo que creen que es una vida segura, sin correr riesgos. Puede que acaben a salvo, por así decirlo, pero también acaban insatisfechas y sumidas en remordimientos. Como ya he dicho antes, no se puede conducir un coche estacionado. Si tu vida está estancada ahora mismo, es hora de cambiar de marcha y empezar a moverte en alguna dirección. Si te estás moviendo, Dios puede dirigirte. Sin embargo, si estás inmóvil, Él te pasará de largo cuando busque a alguien para usar en la obra de su reino.

En Jeremías 1:12 NVI, Dios dice que está «vigilando», velando por su Palabra para que se cumpla.

Asimismo, creo que las Escrituras nos enseñan a ser activos, no pasivos. Esto lo vemos especialmente en el libro de Proverbios (10:4-5; 12:24; 19:15). Leí un artículo de una mujer que elige una palabra determinada como tema para cada año, y este año su palabra es *actuar*. Ella solía tener buenos pensamientos, buenas palabras e intenciones, pero nunca actuaba en consecuencia. El miedo, la pasividad, la pereza y la dilación la volvían inactiva. Las buenas intenciones son buenas, pero son inútiles, a menos que vayan seguidas de buenas acciones.

Santiago 2:26 declara: «La fe sin obras está muerta». No somos bendecidos por nuestras buenas intenciones, sino por nuestras acciones. Y Santiago 2:18 afirma: «Pero alguno dirá: Tú tienes fe, y yo tengo obras. Muéstrame tu fe sin tus obras, y yo te mostraré mi fe por mis obras».

La tecnología actual nos permite acceder a una gran variedad de enseñanzas bíblicas. Puedes escuchar la Palabra de Dios en la iglesia o por medio de la televisión o la radio. Puedes acceder a ella a través de YouTube, Facebook, diversos pódcast y otras plataformas. También puedes leer la Palabra en casa, ir a un grupo de estudio bíblico y memorizar las Escrituras. Pero nada de esto sirve de mucho si no te conviertes en un hacedor de lo que has oído. Ni siquiera las buenas intenciones nos ayudan; solo actuar de acuerdo con lo que hemos aprendido sirve de algo.

Las buenas intenciones por sí solas no sirven de nada.

Aprendemos a confiar de verdad en Dios cuando aplicamos su Palabra a nuestras situaciones y experimentamos su fidelidad. Al hacerlo una y otra vez, en poco tiempo, podremos confiar en Dios en medio de cualquier tipo de dificultad porque sabremos, por experiencia, que Él siempre cuida de nosotros. Puede que no lo haga en el momento que le pedimos o de la forma en que pensamos que debería hacerlo, pero lo hace, y su plan siempre es mejor que el nuestro. Esta misma mañana, leí en Proverbios 16:9 que la mente del hombre planea su camino, pero Dios dirige sus pasos.

En Juan 13 leemos que Jesús lavó los pies de sus discípulos (vv. 3-11). Cuando terminó, dijo: «Pues, si yo, el Señor y el Maestro, les he lavado los pies, también ustedes deben lavarse los pies los unos a los otros. Les he puesto el ejemplo, para que hagan lo mismo que yo he hecho con ustedes» (vv. 14-15 NVI). Y continuó diciendo: «¿*Entienden* esto? Dichosos serán si lo *ponen en práctica*» (v. 17 NVI; énfasis añadido).

Cuando entiendes algo, eres responsable de ponerlo en práctica.

Podemos saber mucho y, aun así, no hacer nada, y, como podemos ver en el mandato de Jesús en Juan 13:17, Dios lo sabe. Creo que el conocimiento sin acción es uno de los problemas de la Iglesia actual. Sé que debo perdonar a mis enemigos y orar por ellos; pero, si no lo hago, ese conocimiento es en vano. Cuando entendemos algo, somos responsables de ponerlo en práctica. Pablo escribe en 1 Timoteo 1:12-13 (NVI):

Doy gracias al que me fortalece, Cristo Jesús nuestro Señor, pues me consideró digno de confianza al ponerme a su servicio. Anteriormente, yo era un blasfemo, un perseguidor y un insolente; pero Dios tuvo misericordia de mí porque yo era un incrédulo y actuaba con ignorancia.

Creo que Pablo recibió misericordia porque creía que estaba haciendo lo correcto. Era un judío muy religioso y, al principio, los judíos pensaban que Cristo y sus seguidores eran alborotadores y farsantes. Pablo actuó por ignorancia; pero, cuando conoció la verdad, fue responsable de actuar de acuerdo con sus nuevos conocimientos. Santiago 4:17 (NVI) afirma: «Así que comete pecado todo el que sabe hacer el bien y no lo hace».

Cuando no hacemos lo que sabemos que debemos hacer, el motivo suele ser que nos engañamos con razonamientos contrarios a la verdad (Santiago 1:22-24). Déjame darte un ejemplo de lo fácil que es desobedecer a Dios y ni siquiera darnos cuenta de haberlo hecho.

Un jueves por la mañana, hace años, me preparaba para enseñar la Palabra de Dios en una de mis reuniones semanales. Mientras decidía qué ponerme, empecé a orar por algunos de los voluntarios que ayudaban en las reuniones. Una mujer llamada Ruth Ann había sido una voluntaria fiel durante varios años, así que le pregunté a Dios qué podía hacer por ella. Inmediatamente, mis ojos se posaron en un vestido rojo nuevo que había comprado, pero que nunca me había puesto. Todavía estaba en la bolsa de plástico original en la que lo había metido el vendedor cuando lo compré.

Por un momento, pensé que Dios me estaba diciendo que se lo diera a Ruth Ann. Pero me invadió la razón y decidí que no podía ser porque el vestido era nuevo. Rápidamente, lo olvidé y me fui a la reunión.

Unas semanas más tarde, volvió a ocurrir lo mismo. Estaba eligiendo algo que ponerme, orando por Ruth Ann y pensando en qué podía hacer por ella. Una vez más, mis ojos se posaron directamente en el vestido rojo. Pero comencé a razonar otra vez, pensando en que era nuevo y que, por lo tanto, Dios no podía pedirme que lo regalara, y me di cuenta de que solo estaba poniendo excusas.

A veces, dar no es dar de verdad a menos que nos cueste algo. Es fácil regalar ropa vieja que hemos usado y que ya no nos sirve, pero nunca antes había regalado algo nuevo. Obedecí a Dios, y Ruth Ann llevó el vestido rojo durante varios años. Finalmente, vino a trabajar a tiempo completo en nuestro ministerio y, cuando la vi con el vestido, recordé lo tonta que había sido y cómo el razonamiento me había engañado, hasta el punto de desobedecer a Dios sin ni siquiera darme cuenta.

Conté tantas veces la historia del vestido rojo como ejemplo de cómo el razonamiento puede engañarnos que, antes de que Ruth Ann se jubilara, me devolvió el vestido. Todavía lo conservo para recordarme lo peligroso que puede ser el razonamiento.

> Nada bueno puede suceder sin acción.

Dios quería acción, no excusas de mi parte. Esto es lo que Él pretende de todos nosotros. Cuando sepas que Dios quiere que hagas algo, asegúrate de hacerlo, porque nada bueno sucede sin acción.

VELA Y ORA

¿Por qué es tan importante la oración? Cuando oramos, abrimos la puerta para que Dios trabaje en nuestra vida o en la de aquellos por quienes oramos.

Pablo nos exhorta en Efesios 6:18 (NTV): «Oren en el Espíritu en todo momento y en toda ocasión. Manténganse alerta y sean persistentes en sus oraciones por todos los creyentes en todas partes».

Otras versiones traducen parte de este versículo como «manténganse alertas y perseveren en oración por todos los creyentes» (NVI) y «velando en ello con toda perseverancia y súplica por todos los santos» (RVR1960). En varios lugares, la Biblia nos enseña a «velar y orar». Por ejemplo, se nos dice que velemos por la segunda venida de Cristo (Mateo 24:42). Debemos velar y orar para no caer en tentación (Mateo 26:41). Y Pedro expresa: «Sed sobrios, y velad; porque vuestro adversario, el diablo, como león rugiente, anda alrededor buscando a quien devorar»

(1 Pedro 5:8). Estos pocos versículos nos hacen saber que una persona pasiva es más propensa a meterse en problemas que alguien que se mantiene alerta y activo.

Velar y orar significa simplemente observar de manera activa lo que ocurre a nuestro alrededor y orar por ello. Si prestamos atención, veremos que hay muchas maneras de orar por otras personas. Siempre que quieras o necesites algo, ora por ello. La oración no tiene por qué ser larga y elocuente; simplemente, habla con Dios sobre lo que quieras, pidiéndole que te ayude, te provea o te guíe. La oración lo hace todo posible. Un momento de oración es mejor que años de preocupaciones y razonamientos.

> Un momento de oración es mejor que un año de preocupaciones.

Por ejemplo, yo tenía una relación que parecía que se estaba deteriorando y no entendía por qué. Después de cuatro semanas, me di cuenta de que nunca había orado al respecto, pero sí había pensado, hablado y mostrado preocupación y confusión. Nada de eso sirvió en absoluto. Sin embargo, después de orar por ello, vi un cambio en cinco minutos.

Cada día, el enemigo intenta robarnos la fe y crear conflictos en nuestras relaciones. Por lo tanto, debemos orar con la misma diligencia con la que él intenta crear problemas. Primera de Pedro 4:7-8 dice: «Ya se acerca el fin de todas las cosas. Así que, para orar bien, manténganse sobrios y con la mente despejada. Sobre todo, ámense los unos a los otros profundamente, porque el amor cubre muchísimos pecados» (NVI).

Suelo decir que el amor es la forma más elevada de guerra espiritual, y esto se debe a que vencemos el mal con el bien (Romanos 12:21). No debemos permitir que el diablo nos distraiga de amar a otras personas. Mateo 24:10-12 dice que, en los últimos días, «el amor de muchos se enfriará» (v. 12) a causa de la iniquidad que habrá en la tierra.

Debemos mantenernos atentos, alertas y activos, y no convertirnos en cristianos soñolientos que transitan pasivamente por la vida, esperando a que otros hagan lo que tenemos que hacer. ¿Qué cambios harías si supieras, con certeza, que Jesús regresará la próxima semana? Si eres inteligente, los harás ahora.

Debemos estar atentos a la oración, pero, cuando oramos, a menudo Dios nos muestra algo que debemos hacer. Y, si no lo hacemos, estamos perdiendo el tiempo.

MANTENTE ACTIVO Y ALEJADO DE LOS PROBLEMAS

Proverbios 16:27 dice: «El hombre perverso cava en busca del mal». En verdad, la ociosidad, la pereza, la pasividad o la falta de actividad, pueden acarrear problemas. En 1 Timoteo 5:11-15, Pablo explica por qué la Iglesia no debe ocuparse de las necesidades económicas de las viudas más jóvenes. Dice que las viudas jóvenes se dejan llevar por sus deseos físicos y pierden de vista su fe. Si no tienen nada que hacer consigo mismas, algo de lo que ocuparse, se vuelven ociosas y van de casa en casa difundiendo chismes e interfiriendo en los asuntos de los demás. Por eso, argumenta que las viudas jóvenes deben volver a casarse para mantenerse ocupadas y no pecar.

A veces, cuando las personas pasan por pruebas y dificultades, dejan de ir a la iglesia o de hacer las cosas que normalmente alimentan su fe. Como resultado, se aíslan y viven preocupadas y compadeciéndose de sí mismas. Esto es lo peor que podrían hacer. Estar ocioso solo sirve para que la situación empeore. Al diablo le gusta ver a una persona ociosa porque es más fácil tentarla a hacer cosas malas que tentar a alguien que está concentrado y ocupado. Sin embargo, cuando nos mantenemos activos, aprendiendo y haciendo lo que dice la Palabra, orando y ayudando a otras personas, nos refugiamos en un lugar seguro mientras Dios resuelve nuestros problemas. Cada vez que tienes problemas, necesitas más de Dios y de las cosas espirituales, no menos.

Una mujer a la que conocí perdió a su hija a causa del cáncer. A la semana siguiente, estaba de vuelta en la iglesia, y había rebuscado en su armario y sacado varias cosas para dárselas a la gente. Quedé asombrada y me sentí orgullosa de ella porque estaba combatiendo al diablo con el bien, que es la forma de vencer al mal (Romanos 12:21).

Aunque nuestro enemigo, el diablo, está buscando a alguien a quien devorar, podemos protegernos manteniéndonos firmes en la fe y continuando alertas y activos en obediencia a Dios, tal como dice su Palabra en 1 Pedro 5:8-9:

> Sed sobrios, y velad; porque vuestro adversario, el diablo, como león rugiente, anda alrededor buscando a quien devorar; al cual resistid firmes en la fe, sabiendo que los mismos padecimientos se van cumpliendo en vuestros hermanos en todo el mundo.

10

Sigue la paz y disfruta de la vida

Y el Dios de esperanza os llene de todo gozo y paz en el creer, para que abundéis en esperanza por el poder del Espíritu Santo.

Romanos 15:13

La paz y el gozo son dos de las cualidades más importantes para disfrutar de la vida. Si estamos disgustados y tristes la mayor parte del tiempo, no disfrutaremos de nada, por mucho que tengamos. En Romanos 14:17, Pablo escribe lo siguiente: «Porque el reino de Dios no es cuestión de comidas o bebidas, sino de justicia, paz y alegría en el Espíritu Santo» (NVI). Para poner este versículo en contexto, hay que tener en cuenta que el pueblo judío tenía muchas normas sobre comer y beber, y Pablo trataba de enseñarles que Jesús los había liberado de dichas normas. Quería que se concentraran en la justicia (ser y hacer lo correcto), la paz y la alegría. Me gusta decir que el reino de Dios no trata de cosas, sino de justicia, paz y alegría. Solo podemos tener estas cualidades cuando creemos en la Palabra de Dios y ponemos nuestra fe en Él.

> El cristianismo no se basa en lo que debes hacer, sino en lo que ya ha sido hecho.

Para explicar lo que quiero decir cuando digo «ser correcto», permítanme poner un ejemplo: nuestra justicia (estar bien con Dios), como creyentes en Cristo, se encuentra en nuestra fe en Jesús. Nuestras «buenas» obras no nos justifican ante Dios, solo la fe en Jesús lo hace. Debemos *ser* justificados antes de poder *hacer* lo correcto. El cristianismo no se basa en lo que debes *hacer*, sino en lo que ya ha sido *hecho*. En otras palabras, se trata de lo que Jesús ha hecho, no de lo que nosotros podemos hacer. 2 Corintios 5:21 dice así: «Al que no conoció pecado, por nosotros lo hizo pecado, para que nosotros fuésemos hechos justicia de Dios en Él».

La paz y el gozo son voluntad de Dios para tu vida. Incluso si descubres algo específico que crees que estás destinado a hacer, te perderás de todo lo que Dios tiene preparado para ti, si no tienes suficiente paz y gozo. Como mencioné antes en este libro, es importante cumplir con la voluntad general de Dios para nuestras vidas antes de buscar o intentar entender lo que Él quiere que hagamos específicamente.

LA PAZ

La paz es lo contrario de la ansiedad, el malestar, la angustia, la preocupación y la inquietud. Perdemos mucho tiempo sacrificando nuestra paz con inquietudes y así no conseguimos nada. La preocupación nunca le ha resuelto un problema para nadie. Al contrario, crea estrés y agota nuestra energía. Pablo enseña que debemos dejar que la paz sea el árbitro de nuestra vida en lo que respecta a escuchar a Dios. En otras palabras, la paz debe ser el factor decisivo a la hora de hacer o permitir algo en nuestras vidas. Tener paz es una luz verde (significa seguir adelante, y hacer o permitir algo). No tener paz es una luz roja (significa parar). Ya he mencionado este versículo, pero me gustaría que lo repitiéramos. Dice así:

> Y la paz de Dios gobierne en vuestros corazones, a la que asimismo fuisteis llamados en un solo cuerpo; y sed agradecidos.
>
> (COLOSENSES 3:15)

Cuando las emociones están a flor de piel, podemos tener una falsa sensación de paz. Aquí les dejo un ejemplo para explicar lo que quiero decir. Hace unos años tuve la idea de construir una casa nueva junto a la de mi hija. Ella nos ayuda mucho y pensamos que todo sería más fácil si viviéramos cerca de ella. Solo estábamos a tres minutos de su casa, pero si viviéramos al lado, no tendría que conducir hasta la nuestra; podría venir caminando. Hasta llegamos a dibujar los planos de la casa nueva. Sin embargo, curiosamente, una vez que mis emociones se calmaron, empecé a darme cuenta de que no tenía paz al respecto, ni siquiera quería construir una casa. Las emociones pueden ser muy engañosas y debemos tener cuidado al tomarlas cuando estamos entusiasmados y nuestros sentimientos son intensos. Me sentí tonta, pero tuve que acercarme a todos a los que había reclutado para que me ayudaran con mi plan y decirles que no había escuchado a Dios, que había tomado una decisión emocional y que no tenía paz para mudarme. Puede que algún día construyamos una casa junto a la suya, pero cuando tuve esa idea y empecé a poner mi plan en marcha, no era el momento adecuado.

Después de haber experimentado esto más de una vez, he aprendido a no apresurarme para anunciar mis grandes ideas y a esperar a que Dios susurre en mi espíritu cuál es su voluntad. Pongo especial cuidado en esto si se trata de una decisión importante.

Antes de ascender al cielo, Jesús les dijo a sus discípulos que les dejaría su paz (Juan 14:27). Para recibirla, debemos dejar de alterarnos. Tal vez pienses que no puedes evitar molestarte, pero eso no es cierto. Como creyentes, Dios nos ha dado el dominio propio, que es uno de los frutos del Espíritu Santo (Gálatas 5:22-23), y la mejor manera de lidiar con la ansiedad y el enojo es detener estos sentimientos cuando comienzan. Primera de Pedro 5:8-9 nos enseña a resistir al diablo en sus ataques, y me ha parecido un gran consejo. Habla contigo mismo. Recuérdate a ti mismo que alterarte no cambiará la situación, pero que puede llevarte a hacer algo de lo que luego te arrepientas.

Cuando nos ataca la ansiedad, nuestra primera respuesta debe ser orar. En lugar de preocuparnos, debemos dar gracias a Dios por todas las cosas maravillosas que ha hecho por nosotros. Cuando hagamos esto, la paz de Dios guardará nuestros corazones y nuestras mentes (Filipenses 4:6-7).

Walt Whitman expresó: «La paz es siempre hermosa»,[11] y tenía razón. Una vida en paz es una bella vida.

Roy Bennett dijo: «Aprender a distanciarse de toda la negatividad es una de las mayores lecciones para alcanzar la paz interior».[12]

Vivir en paz es una decisión.

Vivir en paz es una decisión, y suele requerir algunos cambios en nuestra manera de hacer ciertas cosas. Jesús nos brinda la imagen perfecta de la paz.

Podemos aprender lo siguiente cuando estudiamos a profundidad su vida.

- Nunca tuvo prisa.
- Dedicaba tiempo a la oración.

- No se enfadaba cuando la gente decía cosas malas de Él porque conocía su propio corazón.
- Perdonaba a los que le hacían daño y nos enseñó a perdonar.
- No se preocupaba y estaba en paz, incluso en las tormentas de la vida.

La paz era una prioridad para Jesús y también debe serlo para nosotros.

1 Pedro 3:11 dice así: «Busque la paz y sígala». Este pasaje me ha cambiado la vida porque me ayudó a darme cuenta de que no podía simplemente desear la paz u orar por ella; tenía que buscarla. Me di cuenta de que debía cambiar mi enfoque con respecto a muchas cosas si quería tener paz de verdad.

Mientras buscaba y perseguía la paz, también descubrí que necesitaba mucha más humildad de la que tenía. ¿Por qué humildad? Porque descubrí que tratar de tener razón en un conflicto siempre conllevaba una pérdida de paz, así que aprendí a humillarme y a elegir la paz en lugar de tener razón sobre mis opiniones. De todos modos, tener razón en un desacuerdo está muy sobrevalorado.

Por supuesto, a veces necesitamos mantenernos firmes en nuestras convicciones, pero pelear por ellas nunca es la solución. Aprendí a aceptar los desacuerdos y a respetar las opiniones de los demás, aunque no estuvieran de acuerdo conmigo. No emitir mi opinión tan a menudo requería humildad, y descubrí que ocuparme de mis propios asuntos es un camino hacia la paz para mí. Una de las grandes lecciones que tuve que aprender fue saber cuándo callarme y no sentir que debía tener la última palabra en un desacuerdo, sobre todo con familiares.

> Respeta las opiniones de los demás, aunque no coincidan con las tuyas.

No siempre hago las cosas bien, pero he recorrido un largo camino y ahora gozo de mayor paz que antes. Crecí en un hogar disfuncional y lleno de conflictos, y la paz no era algo de lo que supiera mucho. Tenía mucho que aprender; pero, al final, comprendí que podemos guardar la paz si lo deseamos de verdad.

Dios dijo a los israelitas cuando estaban en batalla que Él lucharía por ellos y que debían mantener la paz y permanecer tranquilos (Éxodo 14:14).

Estar en paz es una buena forma de ganar la guerra contra el diablo. Efesios 6:12-13 expresa:

> Porque no tenemos lucha contra sangre y carne, sino contra principados, contra potestades, contra los gobernadores de las tinieblas de este siglo, contra huestes espirituales de maldad en las regiones celestes. Por tanto, tomad toda la armadura de Dios, para que podáis resistir en el día malo, y habiendo acabado todo, estar firmes.

Nuestra armadura espiritual, según Efesios 6:14-17, incluye lo que yo llamo nuestro «calzado de paz» (v. 15). Llevar puesto ese calzado, espiritualmente hablando, implica caminar por la vida en paz. Cuando el diablo intenta perturbarte y tú mantienes la paz, él pierde la batalla. Cuando Pablo animaba a la iglesia de Roma, les dijo que «el Dios de paz aplastará en breve a Satanás bajo vuestros pies» (Romanos 16:20).

He leído que la palabra *paz* aparece 329 veces en la Biblia, 30 de las cuales se encuentran en el libro de Isaías.[13] Estoy segura de que este número varía según la traducción de la Biblia, pero quiero dejar claro que la paz es la voluntad de Dios para nuestra vida. Es obvio que es sumamente importante, ya que se menciona tantas veces en la Palabra de Dios.

DISFRUTAR DE LA VIDA

Jesús dice que el diablo viene a robar, matar y destruir, pero que Él vino para que tengamos vida y para que la tengamos en abundancia (Juan 10:10). En el capítulo 1 escribí sobre servir al Señor con alegría, pero este principio es tan importante que creo que es una buena idea abordarlo desde un ángulo un poco diferente en este capítulo.

Leímos antes que la paz y la alegría vienen de creer, así que, si has perdido tu alegría, el primer lugar donde debes buscarla es tu mente. Pregúntate en qué has estado pensando y creyendo. Por ejemplo, he aprendido que, cuando desconfío de las personas o creo cosas malas de ellas, me pongo triste. A veces, hasta me enfado. Sin embargo, cuando creo lo mejor, que es lo que hace el amor (1 Corintios 13:7), entonces tengo alegría. La alegría puede ser cualquier cosa, desde la hilaridad extrema hasta el placer tranquilo, y me encanta vivir cada día en el placer tranquilo que Dios nos ofrece. Esto me ayuda a disfrutar de la vida.

Por supuesto, también disfruto de reírme a carcajadas por un buen tiempo. Un día de la semana pasada, Dave estaba particularmente gracioso, y me reí durante, al menos, dos horas. A veces, cuando hago eso, no estoy segura de si la otra persona es graciosa o si yo estoy desesperada por reírme. En cualquier caso, me encanta hacerlo. Dios nos ha dado la capacidad de reír, así que debe de querer que lo hagamos.

En Proverbios 17:22 leemos: «El corazón alegre constituye buen remedio; mas el espíritu triste seca los huesos». Un artículo de *HelpGuide* dice: «Es cierto, la risa es una medicina fuerte. Une a las personas de tal manera que se desencadenan cambios físicos y emocionales saludables en el cuerpo. La risa refuerza el sistema inmune, mejora el estado de ánimo, disminuye el dolor y nos protege de los efectos nocivos del estrés».[14]

Según U.S. Preventive Medicine, los niños se ríen hasta trescientas veces al día, y la persona promedio se ríe diecisiete veces al día.[15] Incluso diecisiete veces me parece mucho para algunas personas que conozco. Es solo mi opinión, pero lo más probable es que haya personas que no se han reído diecisiete veces en un año, y mucho menos en un día. Si una persona está gravemente deprimida, probablemente nunca se ría. Según Mental Health America, 21 millones de adultos estadounidenses sufren de depresión.[16] La risa es una de las muchas cosas que pueden ayudar a aliviar la depresión,[17] así que busca algo divertido y ríete. Ve una película divertida, escucha a un cómico, o pasa tiempo con un amigo o amiga que tenga un gran sentido del humor. Incluso puedes reírte de ti mismo. Todos hacemos cosas únicas que son graciosas.

La risa puede ayudar a aliviar la depresión.

La vida se ha vuelto muy compleja y muchas personas, incluidos millones de adolescentes, se sienten confundidos e infelices. Además, más adolescentes que nunca mueren por suicidio o lo contemplan. El suicidio es la segunda causa de muerte en Estados Unidos entre las personas de diez a treinta y cuatro años.[18] Los expertos dicen que no comprenden por qué tantos jóvenes no quieren vivir, pero no es difícil entenderlo cuando se tienen en cuenta algunas de las cosas extrañas que suceden en nuestra nación en estos días. Hay un movimiento que pretende expulsar a Dios y a su voluntad de todos los ámbitos de la vida y, cuanto más éxito tiene ese movimiento, peores son las condiciones. No se necesita un panel de expertos para entender por qué. Como cristianos, debemos adoptar una postura firme y hacer todo lo posible para que Dios sea reconocido en todos los aspectos de la vida.

Nehemías 8:10 afirma: «El gozo de Jehová es vuestra fuerza». Como el diablo quiere que seamos débiles, trabaja duro para robarnos el gozo.

APRENDER A DISFRUTAR DE LA VIDA

El abuso me robó mi infancia, y el hogar en el que crecí estaba lleno de miedo, no de disfrute. Cuando aprendí, a través de la Palabra de Dios, que Él envió a Jesús para que pudiéramos tener una vida abundante (Juan 10:10), tuve que aprender a hacerlo. Aunque Jesús había pagado por mis pecados, yo seguía castigándome cuando hacía algo mal. Dos de las maneras en que me castigaba eran sentirme culpable y no permitirme disfrutar de nada.

Cada vez que empezaba a disfrutar de algo, el diablo me hacía sentir culpable por ello y me recordaba algún tipo de trabajo que tenía que hacer. Por ejemplo, si Dave y yo llevábamos a nuestra familia de vacaciones, me sentía culpable por el dinero que estábamos gastando. Recuerdo que, cuando era niña, me metía en problemas por reírme porque hacía demasiado ruido. Mi padre era un hombre infeliz y desgraciado que no disfrutaba de la vida, y tampoco quería que nadie lo hiciera. En Joyce Meyer Ministries, llamamos a nuestro programa de televisión *Disfrutando la vida diaria* porque yo tuve que aprender a disfrutar de la vida, y creo que muchas otras personas también deben hacerlo. Cuando digo que disfrutes de tu vida, no me refiero solo a momentos especiales, como las vacaciones, los días festivos, ir de compras o tu cumpleaños. Me refiero a la vida diaria, cuando no ocurre nada especialmente emocionante. Hoy voy a asistir al *baby shower* de una de mis nietas y lo voy a disfrutar. Pero ayer trabajé en este libro casi todo el día y también lo disfruté.

EL SECRETO PARA DISFRUTAR DE LA VIDA DIARIA

Creo que el secreto está en disfrutar de la persona que eres. No te compares con los demás. Si tienes la seguridad de que Dios te ama incondicionalmente y de que se alegra de ti, puedes aprender a disfrutar de ti mismo. No tienes que centrarte en tus defectos. Puedes dejarlos en las manos de Dios, sabiendo que Él siempre está trabajando en tu interior para lograr un cambio positivo. Filipenses 1:6 dice: «El que comenzó tan buena obra en ustedes la irá perfeccionando hasta el día de Cristo Jesús» (NVI).

Ten la seguridad de que Dios te ama incondicionalmente.

Todos tenemos cosas de nuestra personalidad o de nuestra apariencia que no nos gustan, pero son solo «cosas», y podemos cambiarlas. Mientras cooperamos con Dios en su obra en nuestras vidas, podemos disfrutar de la persona que Dios nos creó para ser.

No te centres en tus defectos, sino enfócate en tus cualidades, que, sin duda, las tienes. Tienes más características buenas que malas y, en lo que te centres, se convertirá en lo más importante para ti. Tal vez, solo necesites cambiar tu enfoque para empezar a disfrutar de tu vida.

Recuerdo lo infeliz que fui todos esos años que pasé odiándome a mí misma y estoy segura de que eso entristecía a Dios. Él nos ama incondicionalmente y, cuanto más le permitamos amarnos y lo amemos, más seremos transformados a la imagen de Jesucristo.

Al concluir este capítulo, permíteme recordarte estas palabras escritas por Salomón, el hombre más sabio que jamás haya existido:

> Por tanto, celebro la alegría, pues no hay para el ser humano nada mejor bajo el sol que comer, beber y alegrarse. Solo eso le queda de tanto afanarse en esta vida que Dios le ha dado bajo el sol.
>
> (ECLESIASTÉS 8:15 NVI)

11

Haz brillar tu luz

Así alumbre vuestra luz delante de los hombres, para que vean vuestras buenas obras, y glorifiquen a vuestro Padre que está en los cielos.

Mateo 5:16

Como creyentes, a ti y a mí se nos ha dado lo que la Biblia llama el «ministerio de intercesión y reconciliación» (2 Corintios 5:19; 1 Timoteo 2:1). Esto significa que Dios nos llama a orar por los demás y a hacer lo posible para que se reconcilien con Él si no lo conocen. Somos los representantes de Dios en la tierra, y la única manera en que algunas personas pueden ver a Jesús es viéndolo obrar a través de su pueblo, tú y yo incluidos.

Segunda de Corintios 5:20 afirma: «Así que, somos embajadores en nombre de Cristo, como si Dios rogase por medio de nosotros; os rogamos en nombre de Cristo: reconciliaos con Dios». Para mí es maravilloso que seamos representantes personales de Cristo.

Jesús dijo que somos la sal y la luz del mundo. La sal provoca sed, y la luz disipa las tinieblas.

Ustedes son la sal de la tierra. Pero si la sal pierde su sabor, ¿cómo lo recobrará? Ya no sirve para nada, sino para que la gente la deseche y la pisotee. Ustedes son la luz del mundo. Una ciudad en lo alto de una montaña no puede esconderse. Tampoco se enciende una lámpara para cubrirla con una vasija. Por el contrario, se pone en el candelero para que alumbre a todos los que están en la casa. Hagan brillar su luz delante de todos, para que ellos puedan ver las buenas obras de ustedes y alaben a su Padre que está en los cielos.

(MATEO 5:13-16 NVI)

La voluntad de Dios es que vivamos de tal manera que logremos que la gente tenga sed de lo que tenemos y los que viven en la oscuridad vean la luz que hay en nosotros y se sientan atraídos hacia Cristo, quien vive en nuestro interior. La gente en el mundo está desesperada por amor, y el amor de Dios ha sido derramado en nuestros corazones por el Espíritu Santo (Romanos 5:5). Así como Dios ha derramado su amor, también nosotros debemos derramarlo. En otras palabras, tenemos lo que la gente necesita.

La voluntad de Dios es que los que viven en la oscuridad vean la luz a través de ti.

DEJA QUE LA BONDAD DE DIOS FLUYA A TRAVÉS DE TI

Cuando compartimos lo que Dios nos ha dado, Él nos devuelve más para que podamos seguir teniendo lo que necesitamos para ayudar a otros. Si nos aferramos a lo que tenemos y nos negamos a dejar que fluya de nosotros a los demás, se estancará y se convertirá en un charco de agua podrida.

La mayoría de las personas que necesitan a Jesús no van a la iglesia para encontrarlo, sino que trabajan contigo, viven en tu barrio, van a la escuela contigo o con tus hijos, compran en el mismo supermercado que tú y te ayudan en el banco o en la farmacia. Las personas que no conocen a Jesús como su Salvador están en todas partes, pero también lo está el pueblo de Dios. Todo lo que tenemos que hacer es encender las luces; si ya están encendidas, súbeles la intensidad. La manera de hacerlo es sencilla. Se trata simplemente de salir a la sociedad y comportarnos de la misma manera en que Jesús lo hacía o al menos intentarlo. Sé amable, amoroso, generoso, perdonador, paciente, amistoso, solidario y servicial.

La forma en que tratamos a los demás es muy importante para Jesús. También dice mucho acerca de nuestra personalidad. Jesús le preguntó a Pedro tres veces si lo amaba, y en todas ellas Pedro afirmó: «Sí, Señor; tú sabes que te amo». Jesús le contestó dos veces: «Pastorea mis ovejas», y una vez: «Apacienta mis corderos» (Juan

21:15-17). Creo que bien pudo haber estado diciendo: «Si me amas, ayuda a mi pueblo».

Una vez fui a comer a un restaurante después de una conferencia que habíamos organizado. Éramos unos doce en el grupo, y la camarera derramó una bandeja entera de bebidas sobre Dave: café, refrescos, agua y té helado. Ella estaba nerviosa y lloraba porque era su primer día de trabajo en el restaurante. Dave la ayudó a evitarse problemas diciéndole al encargado que el accidente no fue culpa de la camarera, ya que el restaurante estaba tan lleno que ella no tenía espacio suficiente para moverse alrededor de nuestra mesa extensa.

La camarera nos trajo otras bebidas y, cuando volvió a nuestra mesa, me miró y me dijo: «Lo siento mucho. Ya estaba nerviosa por mi trabajo, pero te he estado viendo en televisión y eso me ha puesto aún más nerviosa». En silencio, en mi corazón, empecé a dar gracias a Dios porque ninguno de nosotros había reaccionado con impaciencia o de forma poco piadosa ante el incidente, sino que nos habíamos comportado como lo habría hecho Jesucristo en una situación similar.

Me encantaría poder decir que siempre he actuado de una manera que represente bien a Jesús. Sin embargo, lamentablemente, hubo ocasiones en las que no me he comportado tan bien como esa vez y he tenido que pedir disculpas, admitiendo que fui descortés.

He aprendido, a lo largo de los años, cuánto dañamos nuestra reputación como cristianos al no comportarnos como debiéramos delante de personas que saben que somos cristianos. La acusación que muchas veces oímos de que los cristianos son hipócritas se debe, probablemente, a que hay cristianos que se comportan de manera impía mientras van a la iglesia, tienen calcomanías cristianas en los parachoques de sus vehículos, llevan cruces alrededor del cuello y hacen otras cosas que declaran «soy cristiano»; pero, en realidad, no son buenos embajadores de Cristo.

Este tema se ha vuelto extremadamente importante para mí en los últimos años. Sé lo desesperadas que están algunas personas por ser amadas y, por lo tanto, lo repetiré: como creyentes, tenemos lo que necesitan. Solo debemos estar dispuestos a ser sensibles a sus necesidades y dejar que Dios actúe a través de nosotros para ayudarlas. Algunas de ellas están tan heridas que el simple hecho de hablarles de Jesús no hará que su dolor desaparezca. Debemos mostrarles a Jesús, y todos los cristianos podemos hacerlo si así lo queremos. Esto requiere autocontrol y mucha ayuda del Espíritu Santo; pero, si es una prioridad para nosotros, podemos lograrlo.

Debes mostrarles a Jesús.

INTERCESIÓN

La intercesión es el acto de intervenir a favor de otra persona. Jesús está a la diestra de Dios intercediendo siempre por nosotros (Romanos 8:34). Si Él no lo hiciera, habría una brecha entre nosotros y Dios que no podríamos cruzar, ya que nadie es lo suficientemente santo como para hacerlo. Pero, a través de la oración, Jesús ocupa ese lugar y, por medio de nuestra fe en Él, podemos acercarnos a Dios Padre en su nombre.

Al interceder por otros, los unimos a Dios. La oración abre la puerta para que Dios trabaje en las vidas de las personas que no saben cómo orar por sí mismas.

Estas son algunas escrituras que nos exhortan a orar por los demás:

> Oren en el Espíritu en todo momento, con peticiones y ruegos. Manténganse alertas y perseveren en oración por todos los creyentes.
>
> (Efesios 6:18 nvi)

> Por lo cual también nosotros, desde el día que lo oímos, no cesamos de orar por vosotros, y de pedir que seáis llenos del conocimiento de su voluntad en toda sabiduría e inteligencia espiritual.
>
> (Colosenses 1:9)

Pero yo os digo: Amad a vuestros enemigos, bendecid a los que os maldicen, haced bien a los que os aborrecen, y orad por los que os ultrajan y os persiguen.

(MATEO 5:44)

Exhorto ante todo, a que se hagan rogativas, oraciones, peticiones y acciones de gracias, por todos los hombres.

(1 TIMOTEO 2:1)

Confesaos vuestras ofensas unos a otros, y orad unos por otros, para que seáis sanados. La oración eficaz del justo puede mucho.

(SANTIAGO 5:16)

Para algunas personas, orar parece una tarea ardua, pero es una de las cosas más sencillas y poderosas que podemos hacer. Cuando alguien venga a tu mente o cuando observes una necesidad en su vida, ora de inmediato. No esperes porque, si lo haces, puede que te olvides. Puedes orar en silencio o en voz alta. Pero la oración no tiene que ser verbal para ser eficaz. No tienes que estar de rodillas con los dedos entrelazados y los ojos cerrados. Puedes orar en cualquier lugar, en cualquier momento y sobre cualquier cosa.

A menudo, Pablo pedía a las diferentes iglesias a las que ministraba que oraran por él para que fuera valiente y predicara el evangelio, y para que se le abrieran las puertas para poder hacerlo.

Doy gracias a Dios por la gente que ora por mí, ya que dudo que pudiera hacer lo que hago si no tuviera sus oraciones. Conozco a una mujer a la que Dios ha encomendado la tarea de orar por mí y que ha sido fiel en hacerlo durante 42 años. Nuestras oraciones nos fortalecen mutuamente.

También podemos hacer oraciones sencillas de protección mutua. Por ejemplo, nuestro hijo va a volar hoy a nuestra casa desde Utah y, esta mañana, simplemente le he pedido a Dios que le diera un vuelo seguro y placentero. Solo me ha llevado unos segundos, y puede que lo haya protegido de retrasos en el avión, de sentarse al lado de alguien molesto o, incluso, de un accidente aéreo.

DOS MANERAS DE HACER BRILLAR TU LUZ

Hay muchas maneras de dejar brillar nuestra luz, pero hay dos en las que quiero centrarme ahora que nos acercamos al final de este libro. Nuestro mundo actual está lleno de negatividad y desesperanza. Podemos combatirlo, al menos, de dos maneras: siendo positivos y difundiendo esperanza.

Sé positivo

Mi primera recomendación para ser positivo es no participar en conversaciones negativas. Si es posible, dales un giro optimista. Si la gente es negativa respecto a las condiciones del mundo, podrías decir algo como: «Es cierto que el mundo no está en buenas condiciones, pero Dios está de nuestro lado, y podemos orar y ser un buen ejemplo para los demás». Si estás hablando con no creyentes, un comentario así podría no ser bien recibido, así que podrías decir algo como: «Tengamos esperanza y oremos para que las cosas mejoren».

En Números 13, Moisés envió a doce espías a la tierra prometida para explorar la zona y ver cómo eran el terreno, su gente y sus recursos naturales (vv. 17-20). Diez de los espías regresaron con un informe negativo, y solo dos dieron un informe positivo. Aquellos diez dijeron que el fruto era maravilloso, pero que había gigantes en la tierra (vv. 27-28): «Y éramos nosotros, a nuestro parecer, como langostas; y así les parecíamos a ellos» (v. 33). Pero los dos espías que regresaron con un reporte positivo dijeron: «Subamos luego, y tomemos posesión de ella; porque más podremos nosotros que ellos» (v. 30). Los diez espías negativos vieron a los gigantes, pero los dos espías positivos se enfocaron en lo que Dios podía hacer.

Resultó que Josué y Caleb (los dos espías que mostraron una actitud positiva) fueron las dos únicas personas del grupo original que salió de Egipto que entraron en la tierra prometida (Números 14:38). Los demás murieron en el desierto. Solo aquellos nacidos en el desierto, además de Josué y Caleb, entraron y recibieron la promesa de Dios.

Las personas negativas pierden sus oportunidades en la vida, pero las personas positivas crean oportunidades.

Las personas negativas pierden sus oportunidades en la vida.

Además de Josué y Caleb, la Biblia nos presenta a otros personajes positivos. Por ejemplo, Rut sufrió circunstancias terribles, pero se mantuvo optimista y fiel (Rut 1:16-17). Finalmente, se casó con el hombre más rico del país (Rut 4:13) y pertenece al linaje de Jesús (Rut 4:17). José fue tratado injustamente, pero mantuvo una actitud positiva. Pasó de ser arrojado a un pozo por sus hermanos, debido a los celos que ellos sentían por él (Génesis 37:23-24), a ser vendido como esclavo (Génesis 37:36) y, luego, a ser encarcelado por algo que no había hecho (Génesis 39:20). Finalmente, llegó al palacio como segundo del faraón y estuvo a cargo de todo en Egipto (Génesis 41:39-41).

Cualquiera puede decidir ser positivo. Yo solía ser muy negativa. Había crecido en un hogar con gente negativa, y mi vida estaba llena de circunstancias negativas y dolorosas. Poco después de casarnos, Dave me preguntó por qué era tan negativa. Le respondí así: «Si no esperas que ocurra nada bueno, no te decepcionarás cuando no ocurra». Yo pensaba que me estaba protegiendo de la decepción, pero lo único que hacía era sentirme desgraciada y cerrar la puerta a las posibilidades positivas. Gracias a Dios, Él me ha cambiado y ahora me resulta difícil rodearme de gente negativa. Si yo puedo cambiar, cualquiera puede cambiar con la ayuda de Dios, si así lo quiere.

Difunde esperanza

La segunda forma de hacer brillar tu luz es ser una persona que difunde esperanza dondequiera que vaya. David dijo: «Hubiera yo desmayado, si no creyese que veré la bondad de Jehová en la tierra de los vivientes» (Salmos 27:13). Esa es una actitud de esperanza.

La esperanza significa esperar que algo bueno te suceda en cualquier momento, implica tener una actitud positiva. El mundo está lleno de gente desesperanzada, pero tú y yo podemos sembrar esperanza.

Jeremías 29:11 nos ayuda a comprender la voluntad de Dios para nuestras vidas. Dice lo siguiente: «Porque yo sé los pensamientos que tengo acerca de vosotros, dice Jehová, pensamientos de paz, y no de mal, para daros el fin que esperáis». En Romanos 15:13 se afirma que Dios es el «Dios de esperanza».

Isaías 40:31 dice: «Pero los que confían en el Señor renovarán sus fuerzas; levantarán el vuelo como las águilas, correrán y no se fatigarán, caminarán y no se cansarán» (NVI). Algunas traducciones de la Biblia sustituyen la palabra *confían* por la palabra *esperan*. Si estudias el significado de la palabra *esperar* en el idioma original de este versículo, encontrarás que significa esperar que Dios haga algo bueno.[19]

Cuando esperamos en Dios, no estamos pasivos. Puede que no estemos llevando a cabo una acción física, pero estamos muy activos espiritualmente. Estamos llenos de esperanza y expectativa de que algo bueno está a punto de suceder y hablamos como si creyéramos que esto es cierto.

Los Salmos están llenos de versículos sobre la esperanza. He aquí cuatro ejemplos:

> Porque no para siempre será olvidado el menesteroso, ni la esperanza de los pobres perecerá perpetuamente.
>
> (Salmos 9:18)

> He aquí el ojo de Jehová sobre los que le temen, sobre los que esperan en su misericordia.
>
> (Salmos 33:18)

> Sea tu misericordia, oh Jehová, sobre nosotros, según esperamos en ti.
>
> (Salmos 33:22)

> Mas yo esperaré siempre, y te alabaré más y más.
>
> (Salmos 71:14)

Hebreos 6:19 es una de mis escrituras favoritas sobre la esperanza: «Tenemos como ancla del alma, una esperanza segura y firme, y que penetra hasta detrás del velo» (NBLA). Cuando tenemos esperanza, permanecemos anclados en Dios. Nuestra alma (mente, voluntad y emociones) no nos gobierna, y no importa lo que pensemos, queramos o sintamos: sabemos, por fe, que Dios no nos abandonará. Vivimos cada día esperando que ocurra algo bueno.

Deja que la esperanza sea el ancla de tu alma.

¿Dejarás que la esperanza sea el ancla de tu alma y difundirás esperanza dondequiera que vayas? Si es así, harás brillar tu luz, y esa es la voluntad de Dios para tu vida.

CONCLUSIÓN

Encontrar la voluntad de Dios para tu vida no es difícil y no tiene por qué frustrarte. Haz lo que sabes hacer hasta que Dios te muestre algo diferente. Aborda la vida con una actitud positiva y esperanzada. Ayuda, en la medida de lo posible, a tantas personas como puedas, tan a menudo como puedas. Sé agradecido, ora, alégrate y no te preocupes, y puedo garantizarte que, si Dios quiere que hagas algo distinto de lo que estás haciendo, Él te lo hará saber. Sigue la paz y déjate guiar por el Espíritu Santo. Cree en que eres capaz de escuchar a Dios y no tengas miedo de cometer errores.

Solo tienes una vida para vivir, y Dios quiere que la disfrutes. Ponlo siempre en primer lugar en todas las cosas y tendrás paz.

Muy a menudo, la gente busca la voluntad específica de Dios para ellos, mientras ignora las cosas que Él ya nos ha dicho que son su voluntad. Es mi oración que este libro te haya ayudado a comprender mejor la voluntad de Dios para tu vida, y que tu paz y tu gozo aumenten drásticamente. Ruego a Dios que todo aquello en lo que pongas tu mano prospere y tenga éxito (Deuteronomio 28:8) y para que seas conformado (moldeado) a la imagen de Jesucristo (Romanos 8:29).

Con amor,
Joyce

¿Tienes una verdadera relación con Jesús?

Dios te ama. Te creó para que fueras un ser especial, único e irrepetible, y tiene un propósito y un plan específico para tu vida. A través de una relación personal con tu Creador, Dios, puedes descubrir una forma de vida que realmente satisfará tu alma.

No importa quién seas, lo que hayas hecho o en qué momento de tu vida te encuentres ahora mismo, el amor y la gracia de Dios son mayores que tus pecados y errores. Jesús, voluntariamente, dio su vida para que puedas recibir el perdón de Dios y tener una nueva vida en Él. Dios solo está esperando a que lo invites a ser tu Salvador y Señor.

Si estás listo para entregar tu vida a Jesús y seguirlo, todo lo que tienes que hacer es pedirle que perdone tus pecados y te dé un nuevo comienzo en la vida que destinó para ti. Empieza haciendo esta oración:

Señor Jesús, gracias por entregar tu vida por mí y perdonar mis pecados para que pueda tener una relación personal contigo. Me arrepiento, de corazón, por los errores que he cometido y te necesito para que me ayudes a vivir correctamente. Tu Palabra dice en Romanos 10:9 que «si confiesas con tu boca que Jesús es el Señor y crees en tu corazón que Dios lo levantó de entre los muertos, serás salvo» (NVI). Creo que tú eres el Hijo de Dios y te confieso como mi Salvador y Señor.

Tómame tal como soy y obra en mi corazón, haciendo de mí la persona que tú quieres que sea.

Quiero vivir para ti, Jesús, y estoy realmente agradecido de que hoy me des un nuevo comienzo en mi nueva vida contigo.

¡Te amo, Jesús!

Es increíble saber que Dios nos ama tanto. Él quiere tener una relación profunda e íntima con nosotros, que crezca cada día mientras pasamos tiempo con Él a través de la oración y el estudio de la Biblia. Por lo tanto, queremos animarte en tu nueva vida en Cristo.

Visita joycemeyer.org/KnowJesus para solicitar el libro de Joyce *Una nueva forma de vida*, que es nuestro regalo para ti. También tenemos otros recursos gratuitos en línea para ayudarte a progresar en la búsqueda de todo lo que Dios tiene para ti.

¡Felicitaciones por un nuevo comienzo en tu vida en Cristo!

Esperamos recibir noticias tuyas pronto.

NOTAS

1. Susan Kronberg, «Happy People Are Healthier. These 10 Ways Show It's Far from Fiction». *Jersey's Best*, 7 febrero 2019, https://www.jerseysbest.com/health/happy-people-are-healthier-these-10-ways-show-its-far-from-fiction.
2. James Baldwin, *Fifty Famous People: A Book of Short Stories* (Nueva York: American Book Company, 1912), p. 143.
3. Henry Blackaby, *Mi experiencia con Dios* (El Paso, TX: Casa Bautista de Publicaciones, 2001), p. 41.
4. Norbert Juma, «Michael Jordan Quotes about Winning in Life», Everyday Power, 6 agosto 2023, https://everydaypower.com/michael-jordan-quotes/.
5. Dallas Willard, *Escuchar a Dios: Cómo desarrollar una relación con Dios basada en la comunicación* (Editorial Peniel, 2014).

6 Brian Tracy, *Psicología de ventas: Cómo vender más, más fácil y rápidamente de lo que alguna vez pensaste posible* (Nashville, TN: Grupo Nelson, 2009), p. 34.
7 «Theodore Roosevelt Quotes», Theodore Roosevelt Center at Dickinson University, https://www.theodorerooseveltcenter.org/Learn-About-TR/TR-Quotes/In-any-moment-of-decision--the-best-thing-you-can-do-is-the-right-thing--the-nex.
8 W. E. Vine, *Diccionario expositivo de palabras del Antiguo y Nuevo Testamento exhaustivo de Vine* (Nashville, TN: Grupo Nelson, 2007), p. 299.
9 William Shakespeare, *Medida por medida*, acto 1, escena 4.
10 Jim Kwik, «How to Turn Knowledge into Action», *Kwik Brain* pódcast, 30 octubre 2018, https://www.jimkwik.com/podcasts/kwik-brain-077-how-to-turn-knowledge-into-action/.
11 Walt Whitman, «Los durmientes», *Hojas de hierba*, (Organización Editorial Novaro, 1976), p. 412.
12 Roy T. Bennett, *The Light in the Heart: Inspirational Thoughts for Living Your Best Life* (n.p.: Roy Bennett, 2016).
13 «What Is Peace in the Bible?», Words of Faith, Hope, and Love (sitio web), 28 julio 2019, https://holysojourners.com/what-is-peace-in-the-bible/.
14 Lawrence Robinson, Melinda Smith, and Jeanne Segal, «Laughter Is the Best Medicine», HelpGuide.org, 28 febrero 2023, https://www.helpguide.org/articles/mental-health/laughter-is-the-best-medicine.htm.

15 «Does a Laugh a Day Keep the Doctor Away?», U.S. Preventive Medicine (sitio web), 31 marzo 2017, https://www.uspm.com/does-a-laugh-per-day-keep-the-doctor-away/.

16 «Depression», Mental Health America (sitio web), https://www.mhanational.org/conditions/depression.

17 «Stress Management», Mayo Clinic, 29 julio 2021, https://www.mayoclinic.org/healthy-lifestyle/stress-management/in-depth/stress-relief/art-20044456.

18 Sally C. Curtin, Matthew F. Garnett, and Farida B. Ahmad, «Provisional Numbers and Rates of Suicide by Month and Demographic Characteristics: United States, 2021», Vital Statistics Rapid Release, 24 septiembre 2022, https://www.cdc.gov/nchs/data/vsrr/vsrr024.pdf.

19 «6960a qavah», *NAS Exhaustive Concordance of the Bible with Hebrew-Aramaic and Greek Dictionaries* (La Habra, CA: Lockman Foundation, 1981, 1998), https://biblehub.com/hebrew/6960a.htm.

SOBRE LA AUTORA

Joyce Meyer es una de las principales maestras de la Biblia en el mundo y una de las autoras más vendidas según el *New York Times*. Los libros de Joyce han ayudado a millones de personas a encontrar esperanza y restauración por medio de Jesucristo. El programa de Joyce, *Disfrutando la vida diaria*, se emite en todo el mundo por televisión, radio y el Internet a millones de personas en más de cien idiomas.

A través de Joyce Meyer Ministries, Joyce enseña internacionalmente sobre varios temas, con un enfoque particular en cómo la Palabra de Dios se aplica a nuestra vida diaria. Su estilo de comunicación informal le permite compartir, de manera abierta y práctica, sobre sus experiencias, para que otros puedan aplicar a sus vidas lo que ella ha aprendido.

Joyce es autora de más de 140 libros, que han sido traducidos a más de 160 idiomas, y se han distribuido más de 39 millones de ejemplares por todo el mundo. Entre sus libros más vendidos se encuentran *Pensamientos de poder*; *Mujer segura de sí misma*; *Luzca estupenda, siéntase fabulosa*; *Empezando tu día bien*; *Termina bien tu día*; *Adicción a la aprobación*; *Cómo oír a Dios*; *Belleza en lugar de cenizas*; y *El campo de batalla de la mente*.

La pasión de Joyce por ayudar a personas necesitadas es fundamental para la visión de Hand of Hope, la división misionera de Joyce Meyer Ministries. Cada año, Hand of Hope proporciona millones de comidas a personas hambrientas y desnutridas, instala pozos de agua dulce en zonas pobres y remotas, presta ayuda crítica tras catástrofes naturales, y ofrece atención médica y dental gratuita a miles de personas a través de sus hospitales y clínicas en todo el mundo. A través del Proyecto GRL, mujeres y niños son rescatados de la trata de personas y llevados a lugares seguros donde reciben educación, comidas nutritivas y el amor de Dios.